Instalação
RESIDENCIAL
aplicada à

Arlindo **Neto** Yan de **Oliveira**

Instalação RESIDENCIAL aplicada à

Aprenda de forma **descomplicada**

ALTA BOOKS
EDITORA
Rio de Janeiro, 2021

Instalação Residencial Aplicada à IoT
Copyright © 2021 da Starlin Alta Editora e Consultoria Eireli. ISBN: 978-65-552-0025-6

Todos os direitos estão reservados e protegidos por Lei. Nenhuma parte deste livro, sem autorização prévia por escrito da editora, poderá ser reproduzida ou transmitida. A violação dos Direitos Autorais é crime estabelecido na Lei nº 9.610/98 e com punição de acordo com o artigo 184 do Código Penal.

A editora não se responsabiliza pelo conteúdo da obra, formulada exclusivamente pelo(s) autor(es).

Marcas Registradas: Todos os termos mencionados e reconhecidos como Marca Registrada e/ou Comercial são de responsabilidade de seus proprietários. A editora informa não estar associada a nenhum produto e/ou fornecedor apresentado no livro.

Impresso no Brasil — 1ª Edição, 2021 — Edição revisada conforme o Acordo Ortográfico da Língua Portuguesa de 2009.

Produção Editorial Editora Alta Books	**Produtor Editorial** Illysabelle Trajano Thiê Alves	**Coordenação de Eventos** Viviane Paiva comercial@altabooks.com.br	**Equipe de Marketing** Livia Carvalho Gabriela Carvalho marketing@altabooks.com.br
Gerência Editorial Anderson Vieira	**Assistente Editorial** Maria de Lourdes Borges	**Assistente Comercial** Filipe Amorim vendas.corporativas@altabooks.com.br	**Editor de Aquisição** José Rugeri j.rugeri@altabooks.com.br
Gerência Comercial Daniele Fonseca			
Equipe Editorial Ian Verçosa Luana Goulart Raquel Porto Rodrigo Dutra Thales Silva	**Equipe de Design** Larissa Lima Marcelli Ferreira Paulo Gomes	**Equipe Comercial** Daiana Costa Daniel Leal Kaique Luiz Tairone Oliveira Thiago Brito	
Revisão Gramatical Carol Oliveira Joris Bianca	**Capa | Layout e Diagramação** Joyce Matos		

Publique seu livro com a Alta Books. Para mais informações envie um e-mail para autoria@altabooks.com.br

Obra disponível para venda corporativa e/ou personalizada. Para mais informações, fale com projetos@altabooks.com.br

Erratas e arquivos de apoio: No site da editora relatamos, com a devida correção, qualquer erro encontrado em nossos livros, bem como disponibilizamos arquivos de apoio se aplicáveis à obra em questão.

Acesse o site **www.altabooks.com.br** e procure pelo título do livro desejado para ter acesso às erratas, aos arquivos de apoio e/ou a outros conteúdos aplicáveis à obra.

Suporte Técnico: A obra é comercializada na forma em que está, sem direito a suporte técnico ou orientação pessoal/exclusiva ao leitor.

A editora não se responsabiliza pela manutenção, atualização e idioma dos sites referidos pelos autores nesta obra.

Ouvidoria: ouvidoria@altabooks.com.br

Dados Internacionais de Catalogação na Publicação (CIP) de acordo com ISBD

A723i   Arlindo Neto

        Instalação Residencial Aplicada à IoT: aprenda de forma descomplicada / Arlindo Neto, Yan de Oliveira. - Rio de Janeiro : Alta Books, 2021.
        288 p. : il. ; 17cm x 24cm.

        Inclui bibliografia.
        ISBN: 978-65-552-0025-6

        1. Elétrica. 2. Instalação Residencial. 3. Instalações elétricas. I. Oliveira, Yan de. II. Título.

2021-768   CDD 621.31924
                                                                        CDU 621.316.17

Elaborado por Vagner Rodolfo da Silva - CRB-8/9410

Rua Viúva Cláudio, 291 — Bairro Industrial do Jacaré
CEP: 20.970-031 — Rio de Janeiro (RJ)
Tels.: (21) 3278-8069 / 3278-8419
www.altabooks.com.br — altabooks@altabooks.com.br
www.facebook.com/altabooks — www.instagram.com/altabooks

DEDICATÓRIA

ARLINDO

Dedico este livro aos meus pais, esposa, filhos e irmãos. Sobretudo não deixo de agradecer a Deus e, em especial, pela mãe querida que, ainda que com "pouca leitura da palavra, mas com a leitura do mundo" (Paulo Freire), conseguiu educar seus três filhos com muita dignidade.

YAN

Gostaria de dedicar este livro a todos que auxiliaram no processo. Primeiramente, a Deus, que sempre direcionou a minha vida; aos meus pais, por me ensinarem a importância dos estudos; minha esposa e filho, por estarem ao meu lado em cada momento; e meu irmão, pelo incentivo.

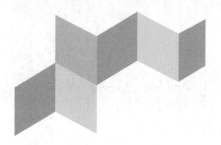

SOBRE OS AUTORES

Arlindo Neto é pedagogo, técnico em eletrônica e pós-graduado em Engenharia Elétrica com Ênfase em Sistemas de Automação.

Trabalhou desde cedo e teve a oportunidade de iniciar sua vida profissional como aprendiz de eletricista aos 15 anos de idade.

Mais tarde, teve a oportunidade de dedicar sua vida à educação profissional, compartilhando os conhecimentos nas áreas de eletricidade, automação, programação e demais requisitos da eletroeletrônica com seus alunos.

Publicou o livro *Automação Predial Residencial e Segurança Eletrônica* e trabalhou na revisão dos livros *Eletricidade Reorganizado* e *Comandos Elétricos* pela Editora SENAI.

Publicou também, junto à Editora Alta Books, o livro *Eletrônica Analógica e Digital Aplicada à IoT*.

Yan de Oliveira é docente com formação em Análise e Desenvolvimento de Sistemas e Técnico em Mecatrônica.

Em 2008, começou a trabalhar na empresa Xbot, primeira empresa a fabricar e comercializar robôs móveis para as áreas de educação, pesquisa e entretenimento no Brasil, atuando nos setores de produção, pós-vendas, treinamentos externos e desenvolvimento de produto.

Iniciou a carreira de docente em 2010 na MMAir Escola Técnica, atuando na área de Mecatrônica, e, desde 2011, atua como instrutor de formação profissional na Escola SENAI Antônio Adolpho Lobbe em São Carlos-SP.

Em 2015, abriu uma empresa para desenvolvimento de projetos Embarcados com objetivo de desenvolver novos produtos tecnológicos com foco em IoT, automação residencial e automação industrial.

Publicou, junto à Editora Alta Books, o livro *Eletrônica Analógica e Digital Aplicada à IoT*.

SUMÁRIO

Parte 1: INTRODUÇÃO À INSTALAÇÃO ELÉTRICA RESIDENCIAL 1

Capítulo 01: ENERGIA ELÉTRICA...3
1.1 ENERGIA E ELETRICIDADE...**3**
1.2 FORMAS DE ENERGIA...**4**

Capítulo 02: CONDUTORES DE ELETRICIDADE..................5
2.1 FIOS E CABOS...**5**

Capítulo 03: GRANDEZAS DA ELETRICIDADE....................7
3.1 TENSÃO **7**
3.2 CORRENTE ELÉTRICA...**8**
3.3 RESISTÊNCIA ELÉTRICA **8**
3.4 POTÊNCIA ELÉTRICA..**9**
3.5 CIRCUITO ELÉTRICO **9**

Capítulo 04: DIMENSÕES DO CABO..................................11
4.1 CÁLCULO DA SECÇÃO TRANSVERSAL **11**
    4.1.2 Exemplos de cálculos...12

Capítulo 05: FORNECIMENTO DE TENSÃO...................... 15
5.1 ALTA-TENSÃO **15**
5.2 BAIXA TENSÃO...**16**
    5.2.1 Fase...17
    5.2.2 Neutro 17
    5.2.3 Valores de 110 e 220 volts...17
    5.2.4 Valores de 220 e 380 volts...18
5.3 Ramal de ligação **19**
5.4 Medidor de energia elétrica **21**
5.5 Rede de alimentação da residência **23**

Capítulo 06: TOMADAS..25
6.1 CONEXÃO.. 25
6.2 TUBULAÇÃO EMBUTIDA NA PAREDE..................... 26
6.3 EMENDAS...27
6.4 ATERRAMENTO.. 28
6.5 TOMADA DUPLA.. 31

Capítulo 07: INTERRUPTORES E LÂMPADAS.................. 33
7.1 INTERRUPTOR SIMPLES..................................... 33
7.1.1 Ligação do neutro...33
7.1.2 Fase...33
7.1.3 Retorno...34
7.2 INTERRUPTOR SIMPLES COM DUAS TECLAS......... 35
7.3 INTERRUPTOR COM TOMADA.............................. 36
7.4 INTERRUPTOR PARALELO....................................37
7.5 INTERRUPTOR INTERMEDIÁRIO........................... 38
7.6 CAMPAINHAS.. 39

Capítulo 08: LIGAÇÃO DO CHUVEIRO........................... 41
8.1 CONEXÃO.. 41
8.2 CURTO-CIRCUITO.. 43
8.3 CHOQUE ELÉTRICO.. 44

Capítulo 09: SENSOR DE PRESENÇA.............................45
9.1 INSTALAÇÃO... 45

Capítulo 10: CONTROLE NOTURNO DE LÂMPADAS,
DISPOSITIVOS RESIDENCIAIS E DIMERIZAÇÃO.............. 49
10.1 RELÉ FOTOELÉTRICO.. 49
10.2 DIMMER.. 50
10.3 LÂMPADAS FLUORESCENTES............................. 51
10.4 VENTILADOR.. 52

Capítulo 11: TUBULAÇÃO EMBUTIDA NA LAJE E
ACESSÓRIOS PARA INSTALAÇÕES ELÉTRICAS............. 55
11.1 ELETRODUTOS... 55
11.2 CANALETAS... 56
11.3 CAIXA DE PVC...57

Capítulo 12: DISJUNTORES 59
12.1 CURTO-CIRCUITO E SOBRECARGA 59
12.2 CONEXÃO DO DISJUNTOR 61

Capítulo 13: DIVISÃO DA INSTALAÇÃO ELÉTRICA EM CIRCUITOS 63
13.1 CIRCUITOS DE ILUMINAÇÃO 63
13.2 CIRCUITOS DE TOMADAS DE USO GERAL 63
13.3 CIRCUITOS DE TOMADAS DE USO ESPECÍFICO.... 64
13.4 QUADRO DE DISTRIBUIÇÃO 64
13.5 SEPARANDO OS CIRCUITOS 64
13.5.1 Chuveiro 65
13.5.2 ILUMINAÇÃO 67
13.5.3 TOMADAS DE USO GERAL 67
13.6 QUANTIDADE DE TOMADAS E LÂMPADAS POR CIRCUITO 68

Recapitulando 72

PARTE 2: INTRODUÇÃO À INSTALAÇÃO ELÉTRICA PREDIAL 73

Capítulo 14: INSTRUMENTOS DE MEDIÇÕES ELÉTRICAS 75
14.1 MULTÍMETRO 75
14.1.1 Medindo tensão alternada da tomada 78
14.1.2 Medindo tensão contínua de bateria 79
14.1.3 Medindo resistência 80
14.1.4 Medindo continuidade 81
14.2 TERRÔMETRO 82
14.2.1 Hastes de referência 83
14.3 ALICATE AMPERÍMETRO 84

Capítulo 15: ILUMINAÇÃO DE AMBIENTES 87
15.1 TIPOS DE LÂMPADAS 87
15.1.1 Incandescentes 87
15.1.2 Halógenas 89
15.1.3 Fluorescentes 91
15.1.4 A vapor 92
15.1.5 LED 93
15.1.6 Ligação de lâmpadas a vapor 94

INSTALAÇÃO RESIDENCIAL APLICADA À IoT

15.2 MINUTERIAS **96**

15.3 LUXÍMETRO **96**

Capítulo 16: TUBULAÇÃO APARENTE 99

16.1 TUBOS **99**

16.2 ACESSÓRIOS **101**

16.3 ELETROCALHAS **103**

Capítulo 17: SOLDAGEM DE CABOS ELÉTRICOS 109

17.1 FERRO DE SOLDA **109**

17.2 MACHADINHA **111**

Capítulo 18: MOTORES ELÉTRICOS 113

18.1 MOTOR MONOFÁSICO **113**

    18.1.1 Fechamento das pontas do motor 114

18.2 MOTOR TRIFÁSICO **116**

    Vamos pensar: 116

    18.2.1 Fechamento das pontas do motor 117

18.3 DISPOSITIVOS DE COMANDOS ELÉTRICOS **119**

    18.3.1 Botoeiras 119

    18.3.2 Botão de emergência 120

    18.3.3 Comutadores 121

18.4 DISPOSITIVOS DE PROTEÇÃO PARA COMANDO **124**

18.5 DIAGRAMAS DE COMANDO **127**

    18.5.1 Detalhamento e funcionamento do diagrama de comando 128

    18.5.2 Detalhamento do diagrama da potência 129

18.6 SISTEMAS ESPECÍFICOS DE COMANDOS **131**

18.7 SISTEMAS DE ILUMINAÇÃO POR COMANDOS **132**

18.8 DIMENSIONAMENTO DOS CABOS E DISPOSITIVOS DE PROTEÇÃO **134**

Capítulo 19: TELEFONIA E SISTEMAS DE SINAIS 137

19.1 CONECTORES E FERRAMENTAS **137**

19.2 PABX **145**

    19.2.1 Ramal 145

    19.2.2 Tronco 146

    19.2.3 Configurações 147

    19.2.4 Cabeamento 148

19.3 FONTES DE ALIMENTAÇÃO **149**

Capítulo 20: INTERPRETAÇÃO DE
PROJETOS PREDIAIS 151

20.1 DIAGRAMAS..151

20.2 SISTEMAS ESPECÍFICOS..154

Parte 3: PROJETOS IoT COM A PLATAFORMA ARDUINO 159

Capítulo 21: Plataforma Arduino e Servidor Web 161

21.1 Arduino 161

21.1.1 Utilizando o Hardware e a IDE Arduino............. 165

21.2 Módulos para a plataforma Arduino......................171

21.3 Conhecendo o XAMPP..176

**21.4 Acessando uma página web pela rede local
utilizando o XAMPP. 186**

**21.5 Acessando uma página web pela internet
utilizando o XAMPP 195**

Capítulo 22: Desenvolvimento dos projetos IoT............207

**22.1 Projeto 01 — Acionamento de lâmpadas
pela rede local ou pela internet....................................207**

22.1.1 Material para o projeto.. 207

22.1.2 Montagem do hardware 208

22.1.3 Código na IDE Arduino 212

22.1.4 Código HTML e PHP 215

22.1.5 Configuração do roteador 218

22.1.6 Configuração do servidor 219

22.1.7 Resultado final.. 220

**22.2 Projeto 02 — Acionamento de lâmpada com
interruptor integrado com aplicação web 221**

22.2.1 Material para o projeto..222

22.2.2 Montagem do hardware.......................................222

22.2.3 Código na IDE Arduino 223

22.2.4 Código HTML e PHP 224

22.2.5 Configuração do roteador 226

22.2.6 Configuração do servidor 226

22.2.7 Resultado final..227

22.3 Projeto 03 — Controle de luminosidade..............228

22.3.1 Material para o projeto..228

22.3.2 Montagem do hardware.......................................229

22.3.3 Código na IDE Arduino 233

INSTALAÇÃO RESIDENCIAL APLICADA À IoT

22.3.4 Código HTML e PHP 234

22.3.5 Configuração do roteador 236

22.3.6 Configuração do servidor 236

22.3.7 Resultado final...238

22.4 Projeto 04 — Acionamento de equipamentos utilizando um aplicativo Android 239

22.4.1 Material para o projeto..239

22.4.2 Montagem do hardware................................. 240

22.4.3 Código na IDE Arduino 243

22.4.4 Configuração do roteador 245

22.4.5 Aplicativo Android 247

Novo nome: Texto_IP...*254*

Novo nome do componente: Texto_PORTA...................*254*

Novo nome do componente: BTN_L1...............................*255*

Novo nome do componente: BTN_V..................................*256*

Novo nome do componente: BTN_SAIR.........................*256*

22.4.6 Resultado final... 266

Conclusão 269

Referências..271

xiv

APRESENTAÇÃO

A eletricidade está presente em todos os sistemas eletroeletrônicos residências, prediais e industriais que você conhece, desde uma simples tomada até o comando de uma máquina em uma fábrica. É impossível imaginar o nosso cotidiano sem a presença da eletricidade.

As instalações elétricas residenciais são aquelas que atendem as necessidades do cotidiano domiciliar, como a ligação de tomadas, lâmpadas e chuveiros; já as instalações prediais são destinadas as fábricas, prédios e indústrias, incluindo a ligação de motores, telefonia e cabeamento de redes.

Após aprendermos os conteúdos referentes as instalações elétricas, vamos mergulhar no mundo da Internet das Coisas (IoT), aprendendo como utilizar a plataforma Arduino para acionar dispositivos elétricos pela internet, possibilitando que o leitor possa adquirir conhecimentos tecnológicos que estão cada vez mais presentes em nossa vida.

O conteúdo é abordado de forma gradativa, priorizando o aprendizado inicial, suficiente para o leitor se inteirar dos conceitos da área.

A proposta é que o leitor obtenha conhecimentos para a instalação de lâmpadas, tomadas, disjuntores, interfones, bombas de poços artesianos, iluminação ambiente, aterramento e o acionamento de sistemas tradicionais através da plataforma Arduino conectada a internet, utilizando computadores, tablets ou smartphones.

Este livro apresenta esquemas de ligação para montagem de vários circuitos elétricos, como interruptor paralelo, contatores, minuterias, ventiladores, reatores, relé fotoelétrico e PABX. Você terá os subsídios necessários para fazer instalações elétricas residências e prediais, utilizando dutos para passagem de cabos e eletrocalhas.

Uma vez adquiridos os conhecimentos da área elétrica, serão apresentados alguns projetos que darão base para o leitor poder realizar o controle de lâmpadas e a leitura da corrente elétrica pela internet, aprendendo ainda como fazer um rápido aplicativo para Android para acionar equipamentos.

Abordaremos o conceito de funcionamento de cada um desses componentes, bem como a interação entre eles. O leitor também terá conhecimento sobre as ferramentas e instrumentos utilizados na área elétrica.

Os conhecimentos tecnológicos, conceitos matemáticos e físicos serão abordados de forma sucinta e objetiva, atendendo os requisitos essenciais para quem precisa aprender de maneira descomplicada aquilo que será de fato utilizado no cotidiano.

O objetivo é apoiar as pessoas que precisam trabalhar e conquistar uma profissão, considerando que muitos necessitam de um aprendizado imediato e emergente como garantia de fonte de renda. Os conceitos envolvidos serão imediatos, ou seja, aqueles que você realmente precisa para iniciar na área.

Os autores

Parte 1

INTRODUÇÃO À INSTALAÇÃO ELÉTRICA RESIDENCIAL

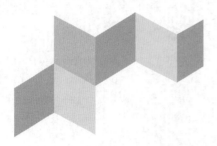

Você já pensou em fazer reparos na instalação elétrica de sua casa ou em trabalhar como eletricista?

Com certeza se imaginou manuseando ferramentas como alicates, chaves de fenda, martelos, escada, multímetros, fita isolante e outros materiais e ferramentas. Certamente, é boa a sensação de se sentir capaz e ver o seu trabalho finalizado para que você e outras pessoas possam usufruir.

Legal!

O "fazer com as próprias mãos" oferece essa sensação, e os recursos da eletricidade por si só são bem atraentes.

Porém, as perguntas que você fez a si mesmo possivelmente foram:

Como será que se faz a ligação de uma lâmpada ou tomada?

Como a energia elétrica passa pelos fios?

Quantos fios devo usar nas ligações?

Qual é a espessura do fio que devo usar na instalação?

O que é a rede?

Quantos disjuntores são necessários em uma casa?

Todas essas perguntas serão respondidas para você neste livro através de imagens, exemplos práticos e conceitos que envolvem uma instalação elétrica.

E, ainda muito mais do que isso, você terá uma visão geral da instalação elétrica, adquirindo conhecimento para instalar e manter instalações elétricas residenciais. Assim, poderá instalar lâmpadas, chuveiros, tomadas, interruptores paralelos, campainhas, disjuntores e fazer aterramentos.

A abordagem dos conteúdos será de forma clara, simples e objetiva, sem o aprofundamento teórico a respeito dos conceitos envolvidos na eletricidade.

Os conceitos abordados serão imediatos, ou seja, aqueles que você precisa para fazer os dispositivos elétricos funcionarem, obviamente, com segurança.

ENERGIA ELÉTRICA 01

Imaginar o mundo moderno sem ligá-lo imediatamente a todos os usos que se faz da energia elétrica é impossível. A prova disso é a simples observação de uma casa, rua, bairro ou uma cidade.

Praticamente tudo funciona com energia elétrica.

Iluminação, aquecimento, processos industriais, transportes, telecomunicações, lazer, procedimentos médicos e conservação de alimentos são alguns dos campos de aplicação da energia elétrica que tornam as atividades diárias mais fáceis, seguras e confortáveis.

A energia elétrica passou a fazer parte da história da humanidade somente após a invenção da lâmpada elétrica e posteriormente passou a se desenvolver ininterruptamente até os dias de hoje.

1.1 ENERGIA E ELETRICIDADE

A energia elétrica é uma reação física que ocorre no interior dos cabos e fios, fazendo os elétrons se movimentarem pelo material de cobre, indo em direção a lâmpada, chuveiro, televisores, computadores, entre outros.

Essa energia origina-se na hidrelétrica ou barragem, que utiliza a força da água para movimentar grandes mecanismos que estão submersos na água.

Esses mecanismos, conhecidos como turbinas (Figura 1.1), giram, fazendo com que as bobinas no seu interior interajam com uma força magnética. Nessa interação, os elétrons do próprio material, feito de cobre, ganham força para começarem a se movimentar no interior dos fios.

Assim, quando os elétrons começam a se movimentar orientados pela força da energia elétrica, podemos dizer que passou a existir a eletricidade.

São justamente os elétrons que, ao passarem pela resistência da lâmpada, ferro de passar roupas e chuveiros, por exemplo, provocam os efeitos que utilizamos no cotidiano, como a luz e o aquecimento.

INSTALAÇÃO RESIDENCIAL APLICADA À IoT

Figura 1.1
Gerador, Usina do Lobo

Fonte: Acervo dos autores.

1.2 FORMAS DE ENERGIA

A energia é a capacidade que um elemento natural tem de realizar trabalho.

Energia potencial: é aquela armazenada em um corpo, podemos comparar a força e disposição de uma pessoa como exemplo.

Energia cinética: é aquela gerada por um corpo em movimento relacionado à força gravitacional.

Energia mecânica: é a junção da energia potencial com a energia cinética. Quando alguém pedala uma bicicleta, a energia mecânica é transmitida para as rodas, fazendo a bicicleta andar.

Energia térmica: é a energia que se manifesta quando há diferença de temperatura entre dois corpos. Em uma caldeira a vapor, por exemplo, a água aquecida se transforma em vapor, que aciona o mecanismo de movimento, gerando energia cinética.

Energia química: é a energia gerada pelas reações químicas provocando uma reação. É o caso das pilhas e das baterias, que transformam a energia química da interação entre os materiais contidos no seu interior em energia elétrica.

Energia elétrica: é um fenômeno físico originado por cargas elétricas estáticas ou em movimento e pela interação entre elas. Trata-se de uma forma de energia que pode ser transformada facilmente em outros tipos de energia.

EXERCÍCIOS PROPOSTOS

1. Diferencie energia de eletricidade.
2. Cite algumas situações onde a energia elétrica está presente.
3. Cite alguns tipos energia.
4. Qual tipo de energia está sendo desenvolvida pela pessoa ao fazer exercícios físicos?

CONDUTORES DE ELETRICIDADE 02

O s elétrons precisam de materiais que permitam seu movimento para que possam chegar aos aparelhos, ou seja, precisam ser conduzidos.

Entre muitos materiais que têm tais características naturais para o uso em eletricidade está o cobre, que ocupa local de destaque nessas aplicações.

O cobre, então, é um excelente condutor, sendo o material utilizado na composição dos fios e cabos.

Portanto, podemos nos referir aos fios e cabos como excelentes condutores.

2.1 FIOS E CABOS

Vamos lá! Primeiramente, devemos entender que os fios ou cabos são condutores que servem para conduzir a energia elétrica aos aparelhos que precisam dela para funcionar. Eles são feitos de cobre e revestidos por uma capa formada por material isolante.

O cobre é um excelente condutor de energia elétrica; a capa garante que essa energia fique acondicionada apenas no condutor de cobre, ou seja, a energia elétrica não tem efeito sobre a capa, pois esta é composta por material isolante.

Os fios e cabos são idênticos quando vistos por fora, porém, a diferença está na forma com que o material de cobre está disposto dentro da capa.

Os fios costumam ser rígidos, pois o cobre é encontrado no formato de um cordão único sem divisões; já os cabos são flexíveis e o cobre é disposto em vários cordões de diâmetro menor, tornando-os maleáveis (Figura 2.1).

A capacidade de condução entre fios e cabos é a mesma, a diferença está no fato de que os cabos, por serem flexíveis, facilitam o trabalho do eletricista no momento de manuseá-los e acomodá-los nas tubulações. Os cabos também oferecem menor risco de acidentes relacionados a curto-circuito em comparação aos fios, tendo em vista que nos conduítes os fios sofrem um esforço nas curvas por serem rígidos, e esse esforço pode danificar seu revestimento.

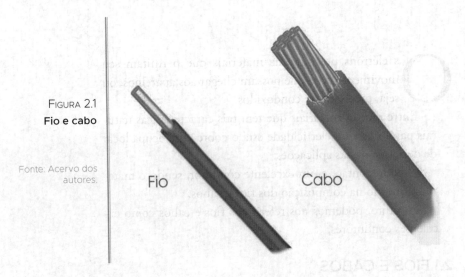

Figura 2.1
Fio e cabo

Fonte: Acervo dos autores.

Atualmente, os cabos têm sido mais utilizados, devido à recomendação da NBR 5410 (Norma Brasileira Regulamentadora Número 5410), que prevê a segurança nas instalações elétricas. Essa norma está registrada na ABNT (Associação Brasileira de Normas Técnicas), que dispõe os regimentos para trabalhos em instalações elétricas de baixa tensão.

Neste livro, vamos adotar o termo "cabo", já que é o tipo de condutor mais utilizado.

EXERCÍCIOS PROPOSTOS

1 Qual a diferença entre fios e cabos?

2 Que tipo de material condutor é empregado nos fios e cabos?

3 Entre fios e cabos, qual deles proporciona maior segurança nas instalações elétricas?

4 Qual a norma que regulamenta as instalações elétricas de baixa tensão?

GRANDEZAS DA ELETRICIDADE 03

É muito importante que você não se esqueça do conceito de certos princípios da eletricidade, pois, no momento de tomar decisão diante de uma instalação ou manutenção, é preciso conhecer o comportamento das grandezas físicas envolvidas na instalação elétrica.

3.1 TENSÃO

Algumas coisas são muito importantes que você conheça em relação à eletricidade, sendo elementos decisivos nas instalações elétricas, como é o caso da tensão. Essa pode ser de 127 ou 220 volts.

É a força que faz com que os elétrons se movimentem e provoquem os efeitos práticos para serem utilizados no cotidiano como o acendimento do LED, movimentação do diafragma do alto-falante para saída de som, funcionamento de sistemas automatizados, providos da mais alta sofisticação.

Para que a tensão seja gerada, é preciso que ocorra uma reação física nos materiais condutores.

Todo material é constituído por moléculas, que são formadas por átomos, e estes, por sua vez, têm elétrons em sua órbita.

No caso do material de cobre, os elétrons da órbita do átomo são livres, o que permite que sejam movimentados pelo material.

Quando ocorrem os deslocamentos desses elétrons sobre o material, acabam se reunindo em grupos em determinado ponto. Esses grupos são chamados de cargas elétricas, e o acúmulo de cargas é denominado de "diferença de potencial" ou "tensão", sendo medida em volts e abreviada pela letra V.

NOTA

Você precisa saber corretamente o valor da tensão para evitar que os aparelhos queimem caso sejam ligados na tensão ou força errada.

3.2 CORRENTE ELÉTRICA

Quando ligamos algum equipamento na tomada, as cargas elétricas (elétrons em grande quantidade) deverão se movimentar pelos condutores.

Esse movimento de elétrons recebe o nome de "corrente elétrica", sendo sua unidade de medida o ampère, abreviado pela letra A.

O ampère é a quantidade ou velocidade com que os elétrons trafegam pelos fios, sendo medida em ampères.

Você precisa saber esse valor, pois é ele que determina a espessura do fio ou cabo que deverá utilizar.

Por uma lâmpada passa menos ampère do que por um chuveiro, por isso, a espessura dos fios é diferente, ou seja, a lâmpada exige um fio mais fino; já no chuveiro o fio precisa ser mais grosso porque passa maior quantidade de ampères.

Você já viu os fios dos chuveiros derreterem? Pois é, a corrente elétrica nele é muito alta.

3.3 RESISTÊNCIA ELÉTRICA

Nem todos os materiais utilizados em eletricidade são bons condutores, mas alguns, como o tungstênio empregado nas lâmpadas, apresentam alto valor de resistência.

A resistência elétrica é a característica que um material apresenta em se opor à corrente elétrica e que produz, nesse caso, calor excessivo. O tungstênio, quando a aquecido, produz luz no interior da lâmpada.

Assim podemos dizer que a resistência é a capacidade que um corpo tem de provocar impedimento à passagem da corrente elétrica.

3.4 POTÊNCIA ELÉTRICA

Dependendo da potência do aparelho, você terá maior ou menor movimentação de corrente pelos fios.

É bom comprar aparelhos potentes, mas os fios devem estar adequados.

A lâmpada, por exemplo, tem 20 watts, mas o chuveiro tem 5.400 watts, entendeu?

Quanto maior a potência em watts, mais corrente circulará pelos fios, e é esse fator que determinará sua espessura. Consequentemente, o trabalho desenvolvido pelo aparelho será maior, ou seja, quanto maior a potência, maior o resultado proporcionado em forma de luz, calor ou movimento.

3.5 CIRCUITO ELÉTRICO

Vamos pensar na ação destas três forças: tensão, corrente e resistência elétrica.

Os fios ou cabos são de cobre e sabemos que todos os materiais são formados por átomos e, dentro dos átomos, existem elétrons.

Os elétrons, por sua vez, fazem parte dos materiais, que, no nosso caso, são os fios e cabos de cobre.

Esses elétrons são empurrados pela TENSÃO e passam a se movimentar de forma ordenada, dando origem à CORRENTE ELÉTRICA. Se você ligar um aparelho muito potente (chuveiro) na tomada, a corrente será alta e, se for ligado um aparelho menos potente (liquidificador), a corrente será pequena.

A potência que o aparelho tem está diretamente ligada a sua resistência interna. Quando um aparelho é muito potente, consequentemente, sua resistência é baixa e vice-versa.

Dessa forma, a corrente elétrica varia seu valor de acordo com a POTÊNCIA do aparelho que está ligado.

Essas três grandezas trabalhando juntas formam um circuito.

EXERCÍCIOS PROPOSTOS

1 Qual grandeza define a quantidade de trabalho que um aparelho deverá desenvolver em forma de luz, calor ou movimento?

2 Que grandeza define o movimento ordenado dos elétrons nos condutores?

3 Defina circuito elétrico.

4 Coloque Falso ou Verdadeiro:

( ) O movimento de elétrons recebe o nome de corrente elétrica, sendo sua unidade de medida o ampére, abreviado pela letra A.

( ) A potência é a força que faz com que os elétrons se movimentem e provoquem os efeitos práticos para serem utilizados no cotidiano.

( ) A tensão, corrente e resistência trabalhando juntas formam um circuito.

( ) A resistência elétrica é a característica que um material apresenta em se opor à corrente elétrica e que produz, nesse caso, calor excessivo.

DIMENSÕES DO CABO 04

Existe uma tabela que informa a capacidade de conduzir a corrente elétrica para cada espessura de condutor.

A espessura dos condutores é mais conhecida no meio técnico como "bitola" ou "secção transversal", mas vamos utilizar neste livro o termo "bitola".

Os cabos são identificados pela área da secção transversal, ou seja, pela área do círculo em mm².

Para escolher o cabo a ser utilizado na ligação, devemos calcular primeiramente o valor da corrente elétrica.

A corrente elétrica pode ser calculada através de uma fórmula matemática muito simples.

Dividiremos o valor da potência do aparelho pela tensão em que o mesmo será ligado.

4.1 CÁLCULO DA SECÇÃO TRANSVERSAL

Para saber o cabo ideal para a instalação, é preciso, além de calcular, utilizar tabelas fornecidas pelos fabricantes ou até mesmo algumas delas já padronizadas, como a apresentada a seguir.

BITOLA DO CABO EM MM²	MÁXIMA CORRENTE TOLERADA EM AMPÈRES
1,5	15,5
2,5	21
4,0	28
6,0	36
10	50
16	68

4.1.2 Exemplos de cálculos

Pretendendo ligar os seguintes aparelhos:

- Lâmpada de 100 watts em uma rede de 127 volts.
- Corrente elétrica = Potência da lâmpada ÷ Tensão da rede

Assim, teremos:

- Corrente elétrica = 100 watts ÷ 127 volts
- Corrente elétrica = 0,78 ampère

Consultando a tabela, o cabo a ser utilizado será o de 1,5 mm².

- Aparelho de ar-condicionado de 2.200 watts em uma rede de 127 volts.
- Corrente elétrica = Potência do ar-condicionado ÷ Tensão da rede

Assim, teremos:

- Corrente elétrica = 2.200 watts ÷ 127 volts
- Corrente elétrica = 17,3 ampère

Consultando a tabela, o cabo a ser utilizado será o de 2,5 mm².

- Aquecedor elétrico de 3.000 watts em uma rede de 127 volts.
- Corrente elétrica = Potência do aquecedor elétrico ÷ Tensão da rede

Assim, teremos:

- Corrente elétrica = 3000 watts ÷ 127 volts
- Corrente elétrica = 23,6 ampère

Consultando a tabela, o cabo a ser utilizado será o de 4,0 mm².

- Chuveiro de 6.500 watts em uma rede de 220 volts.
- Corrente elétrica = Potência do chuveiro ÷ Tensão da rede

DIMENSÕES DO CABO

Assim, teremos:

- Corrente elétrica = 6.500 watts ÷ 220 volts
- Corrente elétrica = 29,5 ampère

Consultando a tabela, o cabo a ser utilizado será o de 6,0 mm².

Concluindo: o cabo escolhido deve ter o valor nominal de corrente elétrica superior ao que foi calculado, como nos exemplos anteriores.

Caso contrário, poderá haver aquecimento dos cabos e risco de incêndio.

EXERCÍCIOS PROPOSTOS

1 Calcule o cabo necessário para ligar 10 lâmpadas de 60W em 127V.

2 Calcule o cabo necessário para ligar um ferro de passar de 1.000W em 220V.

3 Calcule o cabo necessário para ligar um forno de micro-ondas de 1.500W em 127V.

4 Calcule o cabo do circuito geral para ligar todos os aparelhos dos exercícios 1, 2 e 3 considerando que deverão funcionar ao mesmo tempo.

FORNECIMENTO DE TENSÃO 05

A energia elétrica é gerada nas hidrelétricas e, depois, transportada pelas torres de transmissão até as subestações.

Nessas subestações, a tensão recebida atinge valores na ordem de 230.000 volts a 400.000 volts.

Os transformadores da subestação são os responsáveis por abaixar o valor da tensão para uma faixa compreendida entre 11.500 volts e 13.000 volts.

5.1 ALTA-TENSÃO

Os valores mencionados no item anterior são considerados de alta-tensão, portanto, o eletricista residencial, em hipótese alguma, pode ter acesso a essa fiação, pois ela oferece alto risco de acidente fatal, caso não sejam adotados critérios de segurança impostos pelas normas do SEP (Sistema Elétrico de Potência).

As empresas responsáveis pela instalação e manutenção dos postes públicos de alta-tensão capacitam seus próprios funcionários para esses serviços, de acordo com as prerrogativas do SEP.

Os cabos de alta-tensão são aqueles três condutores que ficam na parte superior do poste (Figura 5.1) e o alto valor de tensão se justifica pelo fato de que esses três fios alimentam bairros e cidades, ou seja, uma quantidade significativa de aparelhos e eletrodomésticos das casas, comércios e empresas.

FIGURA 5.1
Alta-tensão Represa do Lobo.

Fonte: Acervo dos autores.

5.2 BAIXA TENSÃO

As instalações elétricas de baixa tensão são consideradas aquelas mais seguras para o consumo popular, sendo fornecidas para as residências.

Os cabos de baixa tensão são os quatro condutores encontrados na parte mais inferior do poste (Figura 5.2), abaixo do trafo (transformador) e que fornecem o valor de tensão na faixa de 127 a 220 volts.

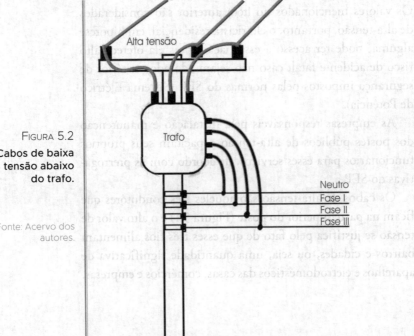

FIGURA 5.2
Cabos de baixa tensão abaixo do trafo.

Fonte: Acervo dos autores.

O trafo é o equipamento responsável por abaixar a tensão dos três fios que conduzem alta-tensão para um valor seguro ao uso doméstico.

A baixa tensão, finalmente, é disposta com quatro fios, sendo:

- NEUTRO
- FASE I
- FASE II
- FASE III

5.2.1 FASE

As fases são elementos internos do transformador que apresentam o valor de saída de tensão após a conversão e, consequentemente, o abaixamento da alta-tensão.

5.2.2 NEUTRO

Dentro do transformador existem três fases, sendo estas interligadas, criando um ponto de união central que resulta no balanceamento das tensões e, consequentemente, em um valor zero de tensão. Isso mesmo: em interação, as três fases têm valores iguais, resultando em ZERO volt.

O neutro funciona como retorno das fases, ou seja, quando um aparelho é ligado, a corrente elétrica que percorre a fase passa pelo aparelho e, depois, retorna para o transformador através do neutro.

5.2.3 VALORES DE 110 E 220 VOLTS

Em algumas regiões do Brasil, as concessionárias de energia elétrica definem o fornecimento de tensão a partir do transformador de baixa tensão, sendo:

- NEUTRO = 0 V
- FASE I = 127 V
- FASE II= 127 V
- FASE III= 127 V

Portando, o termo "110" é equivocado, ou seja, é uma linguagem popular, sendo que o correto é dizer 127 volts.

É comum em algumas cidades as pessoas dizerem que suas casas "só têm 110 volts", isso quer dizer que a residência recebe dois fios, sendo um fase e um neutro.

Outras pessoas afirmam que sua casa "tem 220 volts", então, nesse caso, a tensão é fornecida por duas fases.

Esse tipo de fornecimento é conhecido como trifásico em 220 volts.

Concluindo:

- FASE I + NEUTRO = 127 volts
- FASE II + NEUTRO = 127 volts
- FASE III + NEUTRO = 127 volts

- FASE I + FASE II = 220 volts
- FASE I + FASE III = 220 volts
- FASE II + FASE III = 220 volts

5.2.4 Valores de 220 e 380 volts

Em algumas regiões do Brasil, as concessionárias de energia elétrica definem o fornecimento de tensão a partir do transformador de baixa tensão, sendo:

- NEUTRO = 0 V
- FASE I = 220 V
- FASE II= 220 V
- FASE III= 220 V

Esse tipo de fornecimento é conhecido como trifásico em 380 volts.

Nessas regiões, o fornecimento para as residências é exclusivamente 220 volts, sendo usado um neutro e uma fase.

Concluindo:

- FASE I + NEUTRO = 220 volts
- FASE II + NEUTRO = 220 volts
- FASE III + NEUTRO = 220 volts

- FASE I + FASE II = 380 volts
- FASE I + FASE III = 380 volts
- FASE II + FASE III = 380 volts

Porém, não existe a possibilidade de algum equipamento doméstico funcionar a partir de duas fases, já que, nesse caso, a tensão seria 380 volts.

A tensão padronizada pela NBR 5410 para as residências se restringe a 127 e 220 volts, sendo que um valor de tensão superior a 220 oferece risco mais alto em caso de choque elétrico.

5.3 RAMAL DE LIGAÇÃO

Quando uma casa é construída, a companhia energética vai até o local e, se o poste da casa estiver dentro dos padrões exigidos pela norma vigente, a energia elétrica é ligada, ou seja, os cabos são conectados do poste da rua até o poste da casa.

Os postes individuais das casas são chamados em algumas regiões de "poste padrão".

Na Figura 5.3, os dois cabos que levam energia para a casa são: fase e neutro, que, nesse caso, abastece a residência com 127 volts.

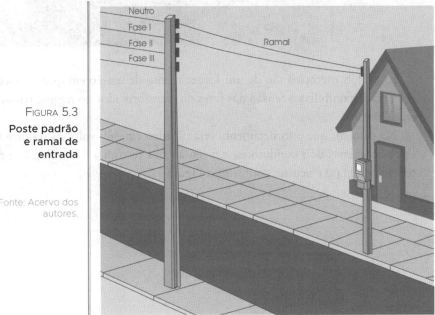

Figura 5.3
Poste padrão e ramal de entrada

Fonte: Acervo dos autores.

Caso o proprietário da casa necessite da tensão 220 volts, além do valor de 127 volts, é preciso ligar mais uma fase e, nesse caso, o cliente poderá ligar equipamentos e eletrodomésticos nas duas tensões. Por exemplo, o chuveiro poderá ser ligado em 220 volts; e as lâmpadas e tomadas, em 127 volts. Esse exemplo pode ser visto na Figura 5.4.

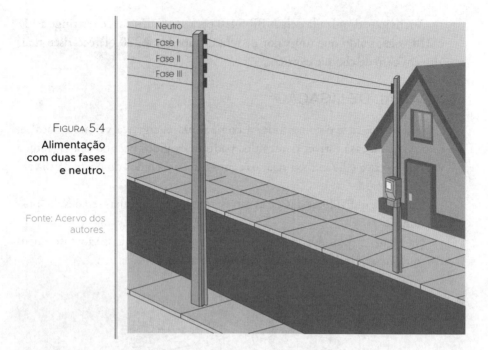

Figura 5.4
Alimentação com duas fases e neutro.

Fonte: Acervo dos autores.

Esses dois exemplos são de um fornecimento de tensão em que a concessionária disponibiliza a tensão das fases do transformador no regime trifásico em 220 volts.

No caso em que o fornecimento seja trifásico em 380 volts, as residências recebem apenas dois condutores, e a tensão fica restrita a 220 volts, que é a tensão entre fase e neutro, conforme a Figura 5.5.

FORNECIMENTO DE TENSÃO

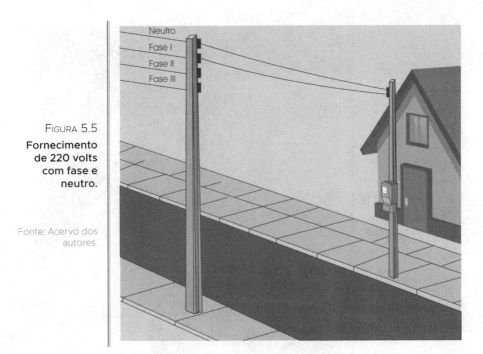

Figura 5.5
Fornecimento de 220 volts com fase e neutro.

Fonte: Acervo dos autores.

5.4 MEDIDOR DE ENERGIA ELÉTRICA

A energia consumida pela casa deve ser medida ainda no poste ou padrão de entrada, através do medidor de quilowatt-hora, conforme mostrado na Figura 5.6.

Este dispositivo é instalado pela concessionária de energia elétrica no momento da ligação e conexão do ramal de entrada.

Assim, o cliente passa a utilizar os recursos da eletricidade de forma legalizada.

INSTALAÇÃO RESIDENCIAL APLICADA À IoT

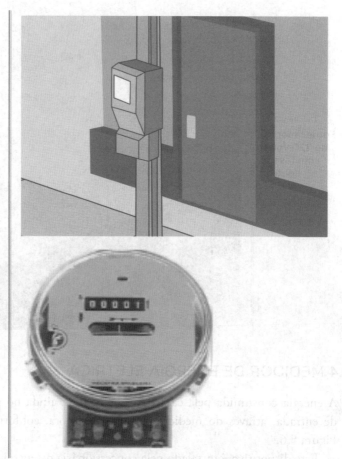

Figura 5.6
Medidor e caixa do padrão.

Fonte: Acervo dos autores.

Nunca realize alterações no medidor. Se o lacre da tampa do compartimento do medidor for removido, o eletricista pode ser responsabilizado judicialmente.

Algumas pessoas praticam tal ato, fazendo alterações na ligação do medidor, conhecidas como "gato", com a intenção de sonegar o pagamento da conta de luz, porém, isso é considerado furto de energia elétrica.

Os cabos do ramal de ligação devem ser ligados na entrada do medidor e, na saída, são ligados outros cabos que seguirão para o interior da casa com a proteção proporcionada pelo disjuntor (Figura 5.7).

A conexão dos cabos no medidor é feita nos bornes, conhecidos como parafusos, que, quando apertados, garantem ótima conexão.

FORNECIMENTO DE TENSÃO

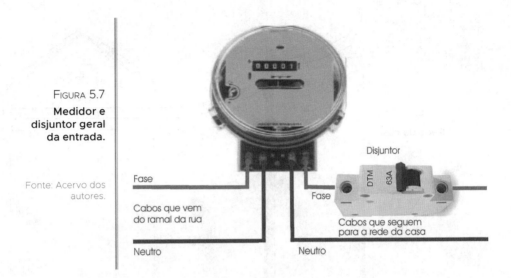

Figura 5.7
Medidor e disjuntor geral da entrada.

Fonte: Acervo dos autores.

5.5 REDE DE ALIMENTAÇÃO DA RESIDÊNCIA

Depois que os cabos passam pelo medidor, eles vão direto para a parte superior da casa, geralmente nos forros (Figura 5.8).

Esses cabos serão os responsáveis por alimentar os aparelhos que forem ligados a eles.

No caso de uma residência com fornecimento de tensão com fase e neutro, teremos dois cabos passando no forro.

O acesso por parte das pessoas que moram na casa à tensão fornecida pela rede de energia elétrica acontece por meio das tomadas e dos interruptores.

Portanto, ambos os recursos, muito comuns, devem ser ligados na rede por meio de outros cabos que passam através dos conduítes, ou eletrodutos, embutidos nas paredes.

Os pontos de interruptores e tomadas são distribuídos nos locais da casa que melhor atendam às necessidades do cotidiano dos moradores da residência.

Porém, todos esses dispositivos são ligados na rede elétrica, ou seja, essa rede é a responsável por alimentar tudo aquilo que funciona com energia elétrica.

Assim, podemos concluir que a rede é a "veia principal" da instalação.

Se a rede fornece 127 volts, então, todos os equipamentos deverão ter esse valor nominal. Caso seja preciso ligar equipamentos com tensão igual a 220 volts, é necessário que a concessionária de energia forneça mais uma fase, que também deve acompanhar a fase e o neutro já existentes.

Com isso, nessa residência, será possível obter duas tensões, sendo 127 e 220 volts.

INSTALAÇÃO RESIDENCIAL APLICADA À IoT

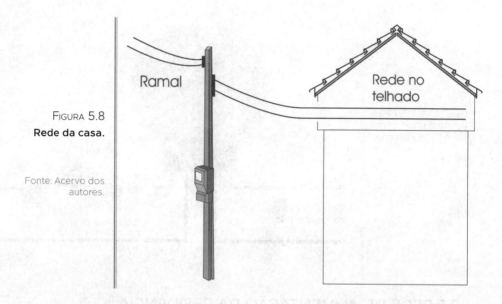

Figura 5.8
Rede da casa.

Fonte: Acervo dos autores.

Em algumas regiões do Brasil, a tensão entre fase e neutro corresponde a 220 volts, como visto na Figura 5.7. Nesse caso, não existe a possibilidade de ligar equipamentos com a tensão de 127 volts.

EXERCÍCIOS PROPOSTOS

1. Qual é o valor de tensão entre fase e neutro no fornecimento trifásico em 220V?

2. Qual é o valor de tensão entre fase e fase no fornecimento trifásico em 220V?

3. Qual é o valor de tensão entre fase e neutro no fornecimento trifásico em 380V?

4. O que é a rede de uma residência?

TOMADAS 06

O eletricista precisa se acostumar a subir em escadas, pois frequentemente precisará ter acesso a forros e telhados para fazer as conexões na rede, como é o caso das tomadas, cuidando para que os cabos sejam conectados com aperto necessário para garantir o bom funcionamento.

Além disso, vai precisar fazer aterramentos para garantir a segurança contra choques elétricos provocados por aparelhos que venham a ser ligados nas tomadas.

6.1 CONEXÃO

Primeiramente, deverá passar os cabos que seguirão para as tomadas através da tubulação embutida na parede e, depois, ligar as duas pontas dos cabos que estão no forro e as outras duas pontas que estão embaixo na tomada (Figura 6.1).

As tomadas têm os bornes preparados para a conexão dos cabos. Bornes são contatos de metais com parafusos que devem ser bem apertados com o auxílio de chaves de fenda ou Philips (Figura 6.2).

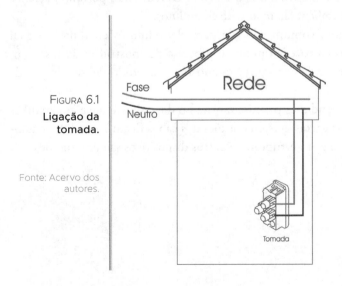

Figura 6.1
Ligação da tomada.

Fonte: Acervo dos autores.

25

NOTA

O cabo utilizado na ligação das tomadas é o de 2,5mm², devido à normatização que orienta que, mesmo que a corrente elétrica exigida pelo aparelho seja muito pequena, é preciso utilizar essa bitola pelo fato de ser tomada de uso geral.

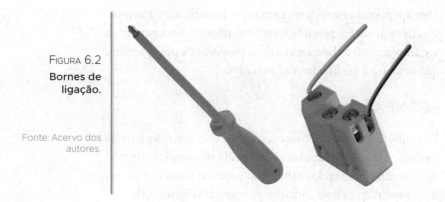

Figura 6.2
Bornes de ligação.

Fonte: Acervo dos autores.

6.2 TUBULAÇÃO EMBUTIDA NA PAREDE

Os cabos não podem ficar expostos, podendo oferecer riscos às pessoas e também comprometer a estética das construções. Devem estar, portanto, acomodados em tubos, também chamados de eletrodutos.

Um termo muito comum adotado para eletroduto é "conduíte", o qual deve ser embutido na parede durante o processo de construção da casa, sendo que, após a etapa do reboco, o mesmo fica escondido dentro da parede (Figura 6.3).

As pontas dos conduítes permitem o acesso dos cabos à laje e às caixinhas da parede. É nessas caixas que as conexões dos cabos ficam escondidas e também onde as tomadas, interruptores e outros dispositivos são parafusados.

FIGURA 6.3
Conduítes e caixinhas embutidas.

Fonte: Acervo dos autores.

6.3 EMENDAS

Frequentemente o eletricista precisará emendar cabos para as ligações. Com isso, o aperto na união dos cabos certamente necessitará de algumas técnicas, como a quantidade de capa a ser removida do cabo e o aperto e torção da emenda com o alicate (Figura 6.4).

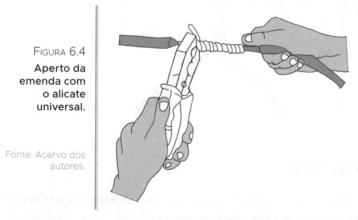

FIGURA 6.4
Aperto da emenda com o alicate universal.

Fonte: Acervo dos autores.

Procure desencapar (Figura 6.5) pelo menos sete centímetros da capa do cabo para que a área da emenda seja significativamente grande, permitindo que a eletricidade possa ter a maior área de contato, evitando o efeito conhecido como "mau contato", onde os cabos se encostam, mas não são apertados corretamente, gerando aquecimento e mau funcionamento dos aparelhos e eletrodomésticos.

Figura 6.5
Decapagem do cabo.

Fonte: Acervo dos autores.

O uso do alicate universal é indispensável, uma vez que, após enrolar as pontas do cabo (Figura 6.6) com a mão, você pode terminar a emenda torcendo essas pontas com ele.

Figura 6.6
Enrolar as pontas do cabo.

Fonte: Acervo dos autores.

6.4 ATERRAMENTO

A função do aterramento é proteger as pessoas que utilizam os aparelhos elétricos de choque provocado por "fuga de corrente".
O que seria isso?

Imagine uma máquina de lavar funcionando em um ambiente molhado!

Você tem certeza de que os cabos energizados que ficam no interior dela estão bem isolados?

Então.

Muitos equipamentos podem acidentalmente ficar com a carcaça energizada devido a algum condutor que perdeu o isolamento e veio a encostar na parte condutora (lataria) da máquina, energizando-a. Consequentemente, alguma pessoa que tocar nela pode vir a tomar choque.

Para assegurar que acidentes como esses não venham a ocorrer, é preciso, de algum modo, criar um "caminho alternativo" para essa fuga da corrente elétrica.

A terra que pisamos é um excelente ponto de absorção de corrente elétrica, sendo considerada um polo de atração de elétrons.

Nas instalações elétricas, essa alternativa é a ligação de um cabo conectado à carcaça dos equipamentos metálicos até uma barra de metal enfincada na terra, conhecida como "haste terra".

A haste terra tem dois metros e quarenta centímetros, normalmente. É feita de ferro com um leve revestimento externo de cobre, formando uma capa (Figura 6.7).

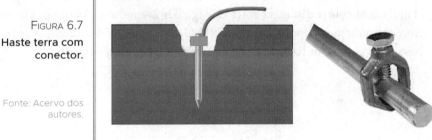

Figura 6.7
Haste terra com conector.

Fonte: Acervo dos autores.

Na ponta da haste, existe um conector com parafuso que serve para garantir a boa conexão elétrica do cabo de aterramento.

Em uma residência, é interessante que o aterramento seja feito por várias hastes interligadas, reforçando, assim, o conceito descrito anteriormente, ou seja, permitindo um melhor "caminho" para as correntes de fuga dos equipamentos.

Interessante, não?

Vamos pensar na máquina de lavar, agora com o aterramento:

Se alguma pessoa encostar na máquina, mesmo que acidentalmente tenha ocorrido alguma fuga, ela está livre do choque elétrico, uma vez que a corrente de fuga vai buscar o caminho mais fácil, que é a terra, ignorando o corpo humano.

O aterramento é feito baseado na NBR 5444, que regulamenta essa ligação, mas podemos pensar um aterramento convencional que resolve o problema da insegurança relacionada ao choque elétrico.

Figura 6.8
Aterramento.

Fonte: Acervo dos autores.

Normalmente, a ligação é feita com três hastes terra ligadas em triângulo (Figura 6.8) com a distância entre elas igual a 2,4 metros. As hastes são enfincadas no solo e, depois, um cabo NU (desencapado) deve interligar as três hastes nas pontas, utilizando um conector para garantir a conexão.

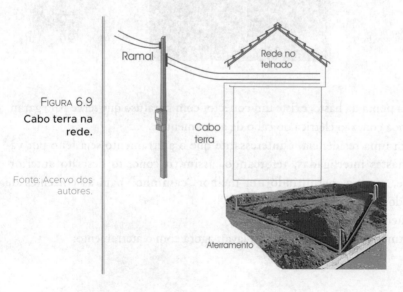

Figura 6.9
Cabo terra na rede.

Fonte: Acervo dos autores.

Depois de concluído o aterramento, você ligará um cabo em uma das hastes e levará a outra ponta na laje para que essa passe com a fase e neutro (Figura 6.9), assim, em qualquer ponto da casa, será possível utilizar o "cabo terra" para as tomadas.

As tomadas têm um borne com parafuso para a conexão desse cabo terra, sendo padronizadas para a conexão do "terra".

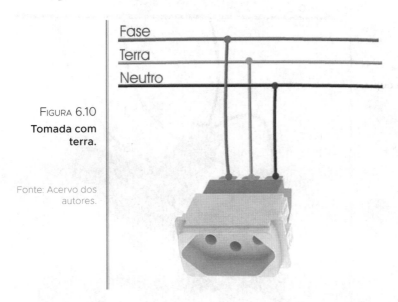

Figura 6.10
Tomada com terra.

Fonte: Acervo dos autores.

A partir do momento em que você instalar a tomada com o cabo terra, qualquer aparelho que for ligado nela automaticamente já estará conectado à terra (Figura 6.10).

6.5 TOMADA DUPLA

Para otimizar espaço nas caixas embutidas, é comum utilizar conjuntos de tomadas duplas (Figura 6.11), evitando, assim, o uso de benjamins, que são aquelas adaptações utilizadas quando se precisa ligar vários aparelhos em uma só tomada.

INSTALAÇÃO RESIDENCIAL APLICADA À IoT

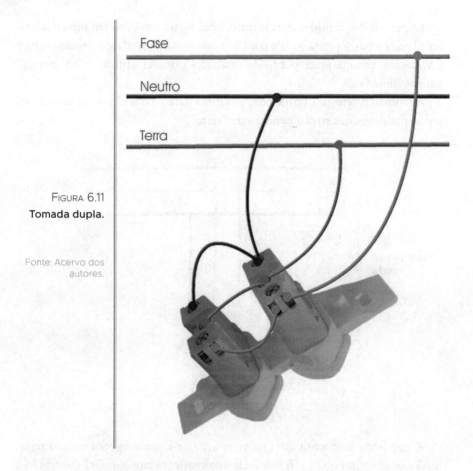

Figura 6.11
Tomada dupla.

Fonte: Acervo dos autores.

EXERCÍCIOS PROPOSTOS

1. Qual é a espessura do cabo utilizado nas tomadas?
2. Qual é o nome do tubo empregado nas instalações elétricas por onde deverão passar os cabos embutidos nas paredes?
3. Qual a importância de fazer a emenda com qualidade?
4. Qual a finalidade do aterramento?

INTERRUPTORES E LÂMPADAS 07

Para fazer a ligação da lâmpada, utilizamos os interruptores e cabos também. Os cabos serão conectados na rede da mesma forma que para as tomadas, porém, a diferença nesta ligação é o interruptor.

Esse dispositivo é formado por um invólucro plástico com uma tecla (botão que você aperta) e, dentro desse invólucro, existem dois contatos, que são, na verdade, duas pastilhas finas de cobre que se encostam e desencostam permitindo ou não a passagem da corrente elétrica.

7.1 INTERRUPTOR SIMPLES

Nessa ligação, é necessário o uso de três cabos, sendo eles: neutro, fase e retorno (Figura 7.1).

Vamos entender como cada um deles é ligado!

7.1.1 LIGAÇÃO DO NEUTRO

Ligue um cabo em cima do forro, conectando uma ponta na rede, mais especificamente no neutro. A outra ponta você deverá passar pelo furo da laje ou forro e conectar em um dos terminais do bocal da lâmpada.

7.1.2 FASE

Passe um cabo através da tubulação embutida na parede e conecte uma ponta na rede, mais especificamente, na fase. A outra ponta você deverá conectar em um dos dois terminais (borne com parafuso) do interruptor.

7.1.3 Retorno

Para finalizar a ligação, passe um cabo através da tubulação embutida na parede e conecte uma ponta no outro terminal (borne com parafuso) que sobrou do interruptor.

A outra ponta você deverá conectar no terminal que sobrou do bocal da lâmpada.

Esse tipo de ligação envolvendo uma lâmpada com acionamento por apenas um interruptor é considerado o tipo de ligação mais comum, chamado de ligação de lâmpada com **interruptor simples**.

O cabo utilizado para a ligação de lâmpadas é o de 1,5mm².

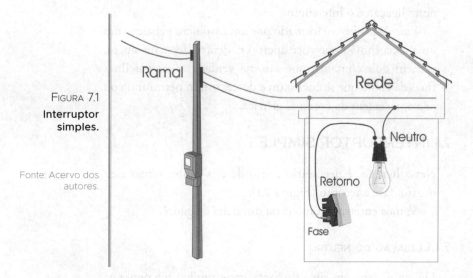

Figura 7.1
Interruptor simples.

Fonte: Acervo dos autores.

Nesse tipo de instalação, você também poderá fazer uma ligação para que o interruptor acione duas lâmpadas ao mesmo tempo.

Pense em uma garagem ou área de lazer.

O proprietário da casa pede para que você instale duas ou mais lâmpadas para que sejam acesas quando um único interruptor for acionado (Figura 7.2).

INTERRUPTORES E LÂMPADAS

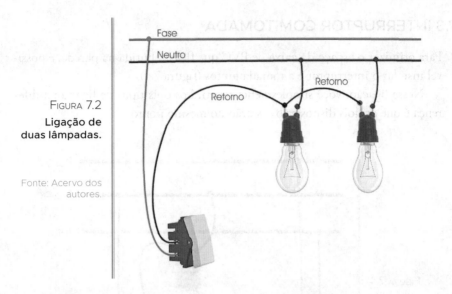

FIGURA 7.2
Ligação de
duas lâmpadas.

Fonte: Acervo dos
autores.

Assim, quando o interruptor for acionado, as duas lâmpadas funcionarão juntas!

7.2 INTERRUPTOR SIMPLES COM DUAS TECLAS

Caso queira fazer com que as lâmpadas acendam de maneira independente, é preciso utilizar dois interruptores (Figura 7.3), podendo utilizar apenas uma fase para as duas ligações.

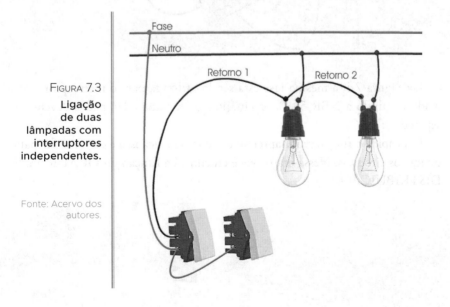

FIGURA 7.3
Ligação
de duas
lâmpadas com
interruptores
independentes.

Fonte: Acervo dos
autores.

35

7.3 INTERRUPTOR COM TOMADA

Para otimizar o espaço da caixa de PVC que fica embutida na parede, é possível instalar o interruptor e a tomada juntos (figura 7.4).

Nessa ligação, você simplesmente repetirá os dois tipos de ligação; a diferença é que os dois dispositivos estarão no mesmo ponto.

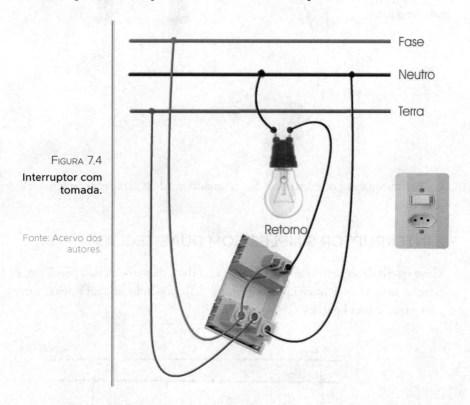

Figura 7.4
Interruptor com tomada.

Fonte: Acervo dos autores.

Na Figura 7.4, a mesma fase está sendo utilizada para o interruptor e tomada (segundo a NBR 5410, os circuitos de tomada e lâmpadas devem ser separados).

Em capítulo futuro, você aprenderá o que significa isso e como se faz para dividir os circuitos. Nessa etapa, você entenderá a função do QUADRO DE DISTRIBUIÇÃO.

EXPLICAÇÕES ADICIONAIS

Ponto de luz

As instalações de circuitos de iluminação comandados por interruptores ou qualquer tipo de dispositivo automático podem receber vários tipos de lâmpadas, como incandescentes, compactas (econômicas), LED, fluorescentes, entre outras.

Quando o eletricista deixa a ligação pronta para que o cliente escolha o tipo de lâmpada ou luminária que será instalada, essa ligação é chamada de "ponto de luz".

O ponto de luz é considerado a ligação onde você pode ligar tanto a lâmpada incandescente, como é o caso da Figura 7.4, quanto outro tipo, como fluorescente ou LED.

7.4 INTERRUPTOR PARALELO

Com certeza você já viu em alguma residência, ou até mesmo na sua própria casa, o tipo de ligação onde é possível acender ou apagar a mesma lâmpada através de dois interruptores.

Esse tipo de ligação proporciona conforto e facilidade no cotidiano.

Imagine você em um dia frio, deitado em sua cama debaixo dos cobertores, vendo um filme, mexendo no celular ou lendo um livro, e de repente ter que levantar para ir até o interruptor apagar a luz!

Para resolver tal inconveniente, basta instalar outro interruptor na cabeceira da cama para poder apagar a lâmpada sem precisar deixar o seu conforto.

Já explico!

Nessa ligação que você vai aprender, vamos utilizar o interruptor paralelo, muito conhecido popularmente (Figura 7.5).

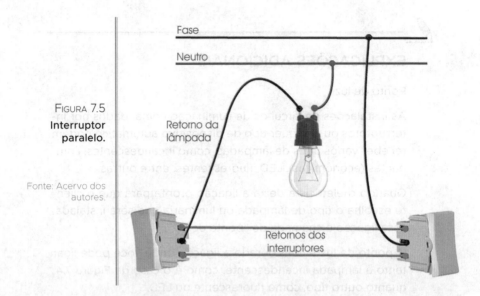

Figura 7.5
Interruptor paralelo.

Fonte: Acervo dos autores.

Nessa ligação, além do cabo "retorno" para a lâmpada, existem mais dois cabos que interligam as extremidades dos interruptores.

7.5 INTERRUPTOR INTERMEDIÁRIO

Quando for necessário instalar mais de dois interruptores, outro tipo de interruptor entra em cena, conhecido como "intermediário".

Este tem quatro bornes para ligação dos cabos, sendo também específico para esse tipo de ligação. Ele é ligado nos retornos dos interruptores paralelos.

Portanto, é indispensável o uso do interruptor paralelo, ou seja, os dois sempre estarão nas extremidades da ligação, sendo o intermediário ligado entre eles.

O interruptor intermediário é o elemento que permite que você acrescente quantos interruptores forem necessários, desde que sejam ligados nos dois retornos (Figura 7.6).

Essa instalação é feita em corredores e em locais amplos, onde existam várias portas de acesso, de modo que, independente de onde seja a entrada ou a saída de uma pessoa do recinto, ela possa acender ou apagar a lâmpada do ambiente.

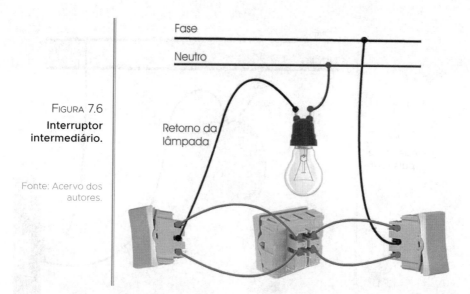

Figura 7.6
Interruptor intermediário.

Fonte: Acervo dos autores.

7.6 CAMPAINHAS

Vamos instalar a campainha!

É muito simples, muito parecido com a instalação da lâmpada, modificando apenas o tipo de interruptor, que, neste caso, passa a ser o pulsador; e, no lugar da lâmpada, será a campainha.

Em uma rede com fase e neutro, a fase será ligada em um dos bornes do pulsador; e, do outro borne, sai outro cabo para a campainha. O neutro, como sempre, é ligado direto na campainha (Figura 7.7).

Para você entender melhor, o pulsador é idêntico ao interruptor, se diferenciando no fato de que sua tecla contém uma mola que a faz voltar automaticamente depois de pressionada.

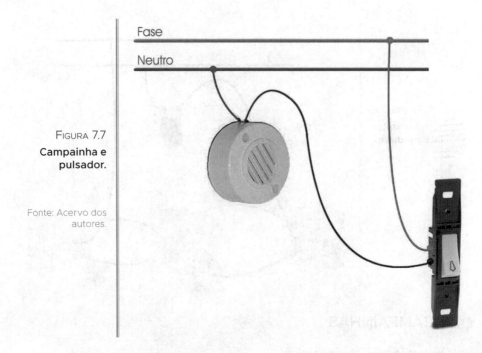

FIGURA 7.7
Campainha e pulsador.

Fonte: Acervo dos autores.

Por isso, recebe o nome de "pulsador", pois funciona como um dispositivo que aceita apenas um pulso: você aperta a tecla e, quando solta o dedo, ela volta para a posição normal.

A posição normal, ou de descanso, mantém os contatos internos do dispositivo abertos, ou seja, sem a passagem de corrente elétrica.

Assim, somente existe passagem de corrente elétrica quando o pulsador é pressionado, fazendo a campainha tocar; quando a tecla é solta, o contato interno abre e cessa a passagem da corrente elétrica.

EXERCÍCIOS PROPOSTOS

1. Qual o nome dos três condutores envolvidos na ligação da lâmpada com interruptor simples?

2. Qual é o nome do interruptor empregado na ligação da lâmpada comandada por mais de um interruptor?

3. Qual é o nome do interruptor empregado na ligação da lâmpada comandada por mais de dois interruptores?

4. Como se chama o interruptor empregado na ligação da campainha?

LIGAÇÃO DO CHUVEIRO 08

O chuveiro tem uma resistência interna que, ao ser percorrida pela corrente elétrica, se aquece e, com a passagem de água por ela, se resfria.

Com isso, a água refrigera a resistência que aquece demais e ao mesmo tempo sai quente de dentro do chuveiro! Viu que interessante?

A água também é responsável por fazer os contatos elétricos dentro do chuveiro se encostarem devido à pressão exercida por ela.

A água entra em um compartimento chamado de "diafragma", exercendo pressão sobre um sistema que empurra os contatos, que se encostam, permitindo a passagem de corrente elétrica.

8.1 CONEXÃO

O eletricista deve deixar os dois cabos da rede e mais o terra ligados no chuveiro (Figura 8.1), para que, quando alguém ligar o registro de água, o sistema seja acionado automaticamente.

INSTALAÇÃO RESIDENCIAL APLICADA À IoT

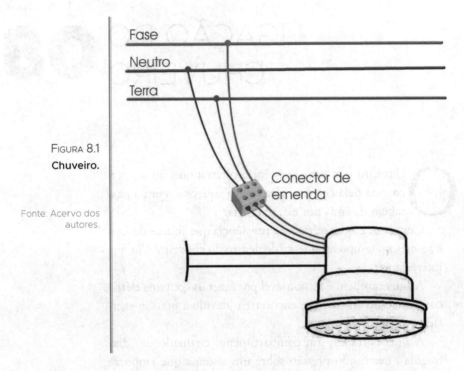

Figura 8.1
Chuveiro.

Fonte: Acervo dos autores.

Após o chuveiro ser instalado, ligue o registro com ele ainda desligado para preencher o compartimento interno com água, caso contrário, se for acionado com o interior vazio, a resistência pode queimar.

As emendas dos cabos devem ser feitas com conector de porcelana, garantindo qualidade e segurança. Quando se emenda simplesmente os cabos e passa a fita isolante, provavelmente após alguns dias a fita isolante começa a derreter, pois o plástico não resiste ao excessivo calor provocado pela passagem da corrente elétrica, que é muito intensa.

LIGAÇÃO DO CHUVEIRO

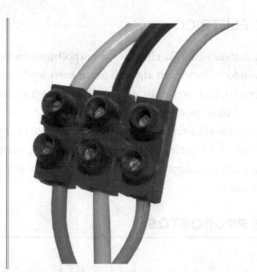

Figura 8.2
Conector.

Fonte: Acervo dos autores.

O conector faz a emenda dos cabos de forma segura através do aperto considerável oferecido pelos parafusos (Figura 8.2).

Internamente, existe um tubo de metal da espessura do cabo, dentro do conector, onde o mesmo se acomoda e fica preso após o ajuste com a chave de fenda no parafuso.

As pontas dos cabos que forem encaixar-se no conector precisam ser desencapadas pelo menos um centímetro.

A parte externa do conector é feita de material isolante, como é o caso da porcelana, evitando choques elétricos e curto-circuitos.

8.2 CURTO-CIRCUITO

Ocorre quando uma fase e um neutro ou mesmo duas fases se encostam.

Você deve ter observado que, nas extremidades dos cabos fases e neutros, sempre existe algum aparelho, lâmpada ou qualquer dispositivo elétrico ligado.

Os aparelhos consomem a energia elétrica dos cabos da rede e não provocam nenhum efeito indesejado; antes proporcionam luz, calor, movimento etc.

Já o curto-circuito é a ausência de consumo de eletricidade ou de resistência elétrica, uma vez que se encostam e a corrente circula de maneira desenfreada.

8.3 CHOQUE ELÉTRICO

Os aparelhos absorvem energia elétrica e o corpo humano também!

Por isso, quando tocamos em alguma parte energizada, rebemos uma energia que causa contração nos músculos do corpo, provocando uma horrível sensação, que, inclusive, pode levar a óbito.

Portanto, nunca realize reparos ou instalações com a energia elétrica ligada.

O bom eletricista é aquele que não póe a sua vida e nem a dos outros em risco e, por segurança, desliga a energia elétrica mesmo que for simplesmente trocar uma lâmpada!

EXERCÍCIOS PROPOSTOS

1 Qual procedimento deve ser realizado antes de energizar o chuveiro após a instalação?

2 Qual é o conector recomendado para conexão dos cabos do chuveiro?

3 Defina curto-circuito.

4 Defina choque elétrico.

SENSOR DE PRESENÇA 09

Muito bem! Neste capítulo você estará envolvido com um pouco de tecnologia.

Vamos deixar de lado os interruptores e instalar um dispositivo que faz a lâmpada acender apenas com a presença de uma pessoa.

Legal!

Basta que alguém passe por um corredor, garagem, escada ou entre em um banheiro público, que a lâmpada já acende.

Ainda é possível configurar esse dispositivo para que a lâmpada acenda somente no período noturno.

Estamos falando do sensor de presença!

9.1 INSTALAÇÃO

Ele já vem da loja, quando você o compra, com três cabos coloridos e com um manual de instalação descrevendo onde cada cabo deverá ser ligado.

NOTA

O componente necessita ser instalado de acordo com o manual do fabricante para evitar inversão dos cabos e a queima do produto, visto que não existe padrão quanto ao modo de ligação.

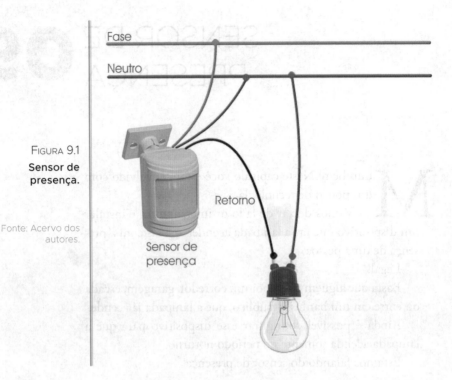

FIGURA 9.1
Sensor de presença.

Fonte: Acervo dos autores.

Na Figura 9.1 o cabo preto é o retorno da lâmpada, o azul é o cabo que deverá ser ligado no neutro da rede e o vermelho será ligado na fase (cores meramente ilustrativas).

DICA

Evite instalar o sensor em locais de muita movimentação para impedir que a lâmpada se acenda sem necessidade.

Existem diversos fabricantes de sensor de presença, sendo assim, cada um deles disponibilizará seu manual de instalação, uma vez que as cores dos cabos e o modo de programação pode diferenciar entre os mesmos.

Porém, independentemente do fabricante, você vai encontrar alguns recursos que o dispositivo oferece, como, por exemplo, o tempo em que a lâmpada deverá ficar acesa e a habilitação da função para que a lâmpada acenda somente à noite.

SENSOR DE PRESENÇA

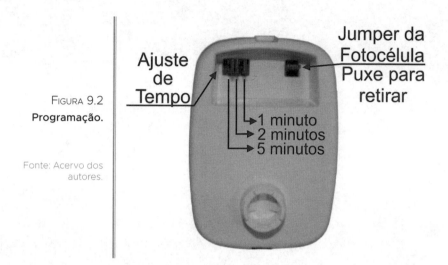

Figura 9.2
Programação.

Fonte: Acervo dos autores.

No modelo da Figura 9.2, você escolhe o tempo em que a lâmpada permanecerá acesa retirando os jumpers respectivos ao tempo, podendo ser um, dois ou cinco minutos. Ainda é possível retirar mais de um dos jumpers e somar os tempos.

No caso, a função noturna está identificada como "fotocélula" e, se você retirar o jumper, a lâmpada deverá acender tanto durante o dia quanto à noite.

EXERCÍCIOS PROPOSTOS

1 Como é feito o ajuste de tempo no sensor de presença?
2 Qual é a finalidade da função fotocélula?
3 Qual a importância de seguir o manual de instalação do fabricante?
4 Quais são os locais recomendados para instalação do sensor de presença?

CONTROLE NOTURNO DE LÂMPADAS, DISPOSITIVOS RESIDENCIAIS E DIMERIZAÇÃO 10

Você certamente já deve ter observado que as lâmpadas dos postes da rua ou das praças acendem sem que ninguém precise apertar algum interruptor.

Realmente, a tecnologia permite que as lâmpadas acendam simplesmente ao escurecer. Isso ocorre graças a um elemento conhecido com LDR, que varia sua resistência de acordo com a luminosidade.

O dispositivo que permite o acendimento automático da lâmpada ao anoitecer se chama "relé fotoelétrico" e pode controlar lâmpadas incandescentes, fluorescentes e a LED.

Um efeito que chama a atenção nos ambientes é a dimerização das lâmpadas. Esse efeito é conseguido graças ao dimmer, um dispositivo que permite que se aumente ou diminua a intensidade luminosa da lâmpada.

10.1 RELÉ FOTOELÉTRICO

É instalado seguindo o manual fornecido pelo fabricante, devendo ser observadas as cores dos cabos durante a ligação.

Na Figura 10.1, é possível ver que um dos cabos desse modelo é o retorno da lâmpada, também chamado de "carga".

O cabo azul é o neutro, ou "comum", e o preto é ligado na fase, conhecido também como "linha".

INSTALAÇÃO PREDIAL APLICADA À IoT

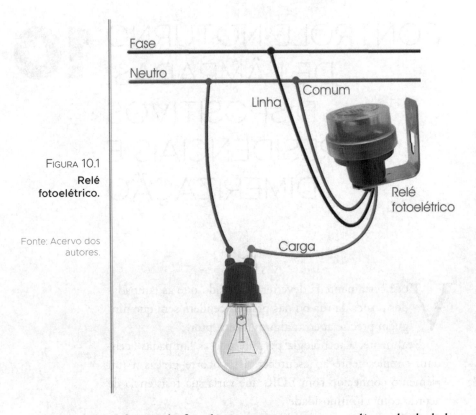

FIGURA 10.1
Relé fotoelétrico.

Fonte: Acervo dos autores.

Quando instalar o relé fotoelétrico, procure manter a lâmpada do lado oposto ou abaixo do mesmo, para que a claridade da lâmpada não venha a "confundir" o relé, fazendo-o se desligar.

Lembre-se de que o relé não "entende" a diferença entre dia e noite, mas, sim, a falta ou presença de luz, portanto, o dispositivo dever estar distante dos raios de luz da lâmpada.

O termo "carga" é aplicado a todo equipamento, componente ou aparelho ligado à rede e que consuma energia.

No caso do relé fotoelétrico, a carga é a lâmpada.

10.2 DIMMER

Esse dispositivo é muito utilizado em salas e dormitórios, dispensando o uso de abajures, uma vez que as pessoas que estiverem nesses ambientes podem ajustar o nível de luminosidade desejado através do botão giratório, também conhecido na área de eletrônica como "potenciômetro".

CONTROLE NOTURNO DE LÂMPADAS, DISPOSITIVOS RESIDENCIAIS E DIMERIZAÇÃO

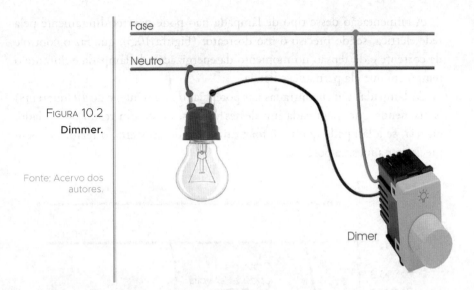

Figura 10.2
Dimmer.

Fonte: Acervo dos autores.

A ligação do dimmer é bem simples: basta substituir o interruptor simples pelo dispositivo, ou seja, ele fará o papel de interruptor e de variador da luminosidade (Figura 10.2).

O modelo de dimmer apresentado atende somente as lâmpadas incandescentes, ou halógenas.

CURIOSIDADES

As lâmpadas fluorescentes e as de LED exigem um dimmer próprio, sendo mais específico.

Nesse caso, existe, nos reatores das fluorescentes, uma entrada para controle do nível através da tensão de zero a dez volts.

10.3 LÂMPADAS FLUORESCENTES

As lâmpadas fluorescentes funcionam a partir de uma reação eletroquímica ocasionada pela passagem da corrente elétrica no interior do bulbo de vidro.

A corrente atinge os átomos dos metais líquidos, como mercúrio, sódio, iodeto e outros, liberando energia em forma de luz.

A alimentação desse tipo de lâmpada não pode ocorrer diretamente pela rede elétrica, sendo preciso o uso do reator (Figura 10.3), que faz o controle da corrente e da tensão no momento da energização da lâmpada e durante o tempo em que ela permanece ligada.

As lâmpadas são encontradas nas potências de 20 (vinte) e de 40 (quarenta) watts, sendo que, para cada um desses valores, existe um reator apropriado, ou seja, se a lâmpada que você for utilizar for de 20 watts, o reator também precisa ter a mesma potência.

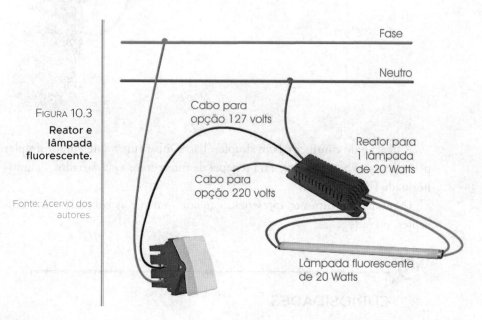

Figura 10.3
Reator e lâmpada fluorescente.

Fonte: Acervo dos autores.

10.4 VENTILADOR

O ventilador funciona graças ao motor que faz as pás girarem, movimentando o ar e criando o vento. Esse motor requer uma alimentação de tensão de 127 ou 220 volts.

Também temos a ligação da lâmpada e do capacitor de partida (Figura 10.4).

Figura 10.4
Capacitor.

Fonte: Acervo dos autores.

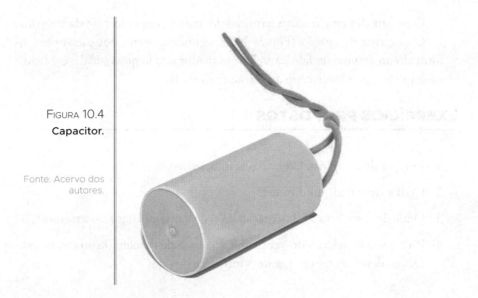

Os dois cabos do capacitor são ligados nos dois cabos de retorno do ventilador. A fase ligada no controle alimenta tanto os retornos do motor quanto o retorno da lâmpada.

Figura 10.5
Ventilador.

Fonte: Acervo dos autores.

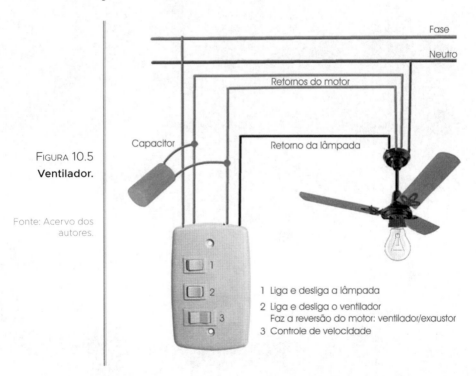

O neutro alimenta o outro terminal do motor, como também da lâmpada.

O esquema de ligação (Figura 10.5) segundo as cores dos cabos vem informado no manual do fabricante do ventilador, sendo que você deverá seguir atentamente, não invertendo a posição informada.

EXERCÍCIOS PROPOSTOS

1 Em que situação instalamos o relé fotoelétricos?

2 Qual a finalidade do dimmer?

3 Onde deve ser feita a alimentação da rede nas lâmpadas fluorescentes?

4 Para que a instalação do ventilador seja feita de maneira segura, qual precaução devemos tomar quanto à forma de ligação?

TUBULAÇÃO EMBUTIDA NA LAJE E ACESSÓRIOS PARA INSTALAÇÕES ELÉTRICAS

11

Os cabos elétricos devem ser acomodados em tubulações adequadas, evitando acidentes e mau funcionamento dos circuitos.

Alguns acessórios terão que ser utilizados no cotidiano, como as canaletas, por exemplo, para acomodar os cabos quando não houver tubulação embutida para instalar alguns dispositivos.

Pode ser que algum cliente peça para você instalar uma tomada em um local onde não tenha caixinha embutida, sendo assim, os cabos não poderão ficar expostos. Nesse caso, é possível fixar as canaletas nas paredes, criando um trecho aparente onde o cabeamento deverá passar para atender determinada ligação elétrica.

11.1 ELETRODUTOS

Os eletrodutos ou conduítes são montados em cima da laje, ainda quando a casa se encontra no processo de construção.

No centro da laje são colocadas caixas de passagem (Figura 11.1) que servirão de comunicação entre os conduítes e como local para que sejam realizadas as emendas dos cabos; são sextavadas e têm vários furos.

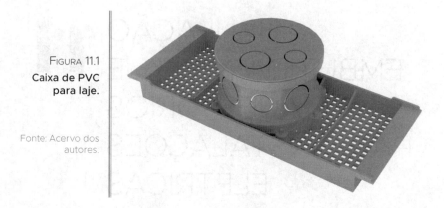

Figura 11.1
Caixa de PVC para laje.

Fonte: Acervo dos autores.

Os eletrodutos interligam as caixas da laje (Figura 11.2), criando um caminho para a passagem dos cabos e também para as caixas que ficam embutidas na parede para a ligação de tomadas e interruptores.

Dessa forma, as caixas da laje e as da parede se comunicam para que você tenha várias alternativas para a passagem dos cabos.

Os conduítes saem da caixa e descem pela parede até o ponto necessário.

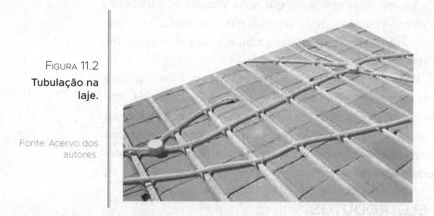

Figura 11.2
Tubulação na laje.

Fonte: Acervo dos autores.

11.2 CANALETAS

As canaletas têm uma tampa que pode ser removida quando necessário para se ter acesso ao cabeamento.

Existem muitos modelos e tipos de canaletas de acordo com o material de que é feita, como: plástico, alumínio e metal (Figura 11.3).

Esse tipo de estrutura alternativa recebe o nome de "sistema X".

TUBULAÇÃO EMBUTIDA NA LAJE E ACESSÓRIOS PARA INSTALAÇÕES ELÉTRICAS

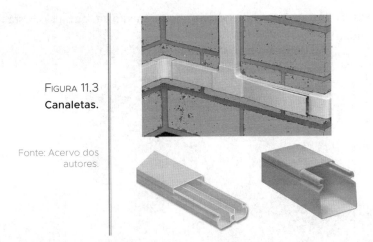

Figura 11.3
Canaletas.

Fonte: Acervo dos autores.

Outro acessório importante é a roldana (Figura 11.4), muito utilizada para fixar os cabos no madeiramento do telhado, evitando que eles fiquem soltos em cima do forro ou da laje.

As roldanas são pregadas na madeira ou parafusadas em qualquer superfície em que haja necessidade.

Os cabos são presos nas roldanas com abraçadeira de náilon.

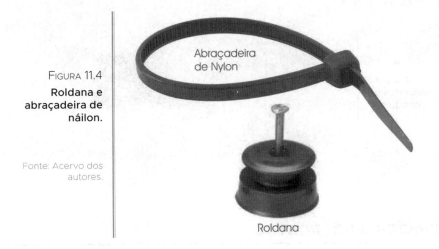

Figura 11.4
Roldana e abraçadeira de náilon.

Fonte: Acervo dos autores.

11.3 CAIXA DE PVC

As caixas de PVC, que são embutidas na parede (Figura 11.5) para ligação de tomadas e interruptores, têm medidas padronizadas.

As maiores são conhecidas como 4X4; e as mais comuns, utilizadas na maioria das instalações, são as 4X2.

Essas caixas são instaladas pelos pedreiros no momento em que a casa está sendo construída.

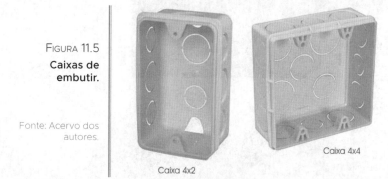

Figura 11.5
Caixas de embutir.

Fonte: Acervo dos autores.

Caixa 4x2
Caixa 4x4

Os conduítes são os tubos responsáveis por interligar todas as caixas 4x2 ou 4x4 com as caixas da laje, e muitas vezes necessitam ser emendados (Figura 11.6).

Essas emendas não podem ser simplesmente improvisadas, pois há risco de elas prejudicarem os trabalhos no momento da passagem dos cabos, provocando obstrução. As luvas são recomendas para que essas emendas não causem problemas futuros.

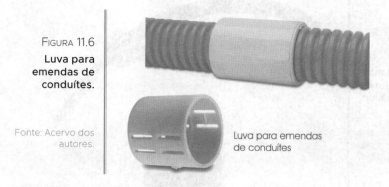

Figura 11.6
Luva para emendas de conduítes.

Fonte: Acervo dos autores.

Luva para emendas de conduítes

EXERCÍCIOS PROPOSTOS

1. Qual a finalidade dos eletrodutos e das caixas de laje?
2. Qual a finalidade das canaletas e acessórios do sistema X?
3. Em que situações se empregam as roldanas?
4. Qual a finalidade das caixas de PVC e das luvas de emenda?

DISJUNTORES 12

O disjuntor termomagnético é um dispositivo construí-do com componentes internos capazes de evitar al-guns riscos elétricos como curto-circuito e sobrecarga.

Além disso, permite que você possa ligar e desligar as re-des elétricas.

12.1 CURTO-CIRCUITO E SOBRECARGA

O curto-circuito é a ausência de consumo de eletricidade ou de resistência elétrica, quando há contato entre dois condutores e a corrente circula de maneira desenfreada. Na ocorrência do curto-circuito, o disjuntor desliga automaticamente, impedin-do o risco de incêndio, explosões e acidentes com pessoas.

Mas o que é de fato a sobrecarga?

A sobrecarga acontece quando ligamos aparelhos que con-somem um valor de corrente elétrica superior àquele que o cabo utilizado na instalação desse aparelho é capaz de conduzir.

Você já aprendeu que existe uma tabela com a indicação dos valores nominais que os cabos suportam, portanto, o dis-juntor tem a função de garantir que pelo cabo não venha a passar um valor de corrente superior ao que ele suporta.

O disjuntor funciona como limitador de corrente elétrica, desligando o circuito e cortando a corrente quando esta for mais alta do que o seu valor nominal.

O valor nominal do disjuntor é aquele que vem marcado no próprio dispositivo, por exemplo, 10A, 16A, 25A, 63A etc.

Vamos pensar em uma hipótese: você instala uma tomada em cima da pia da cozinha do seu cliente para ele poder ligar o liquidificador, batedeira ou outro eletrodoméstico qualquer.

Sabemos que o cabo indicado para ligar tomadas é o de 2,5mm² e, segundo a tabela, ele suporta até 21 ampères.

Se o seu cliente utilizar apenas os eletrodomésticos men-cionados anteriormente, tudo funcionará corretamente e com segurança.

Mas, certo dia, seu cliente decidiu utilizar a tomada em cima da pia para ligar uma torneira elétrica, para que sua esposa pudesse lavar a louça na época de inverno com a água aquecida. Ele fez a ligação sem antes consultá-lo.

E agora?

Vamos calcular quantos ampères a torneira vai "puxar" da rede quando for ligada:

- Torneira elétrica de 4.000 watts em uma rede de 127 volts.
- Corrente elétrica = Potência da torneira elétrica ÷ Tensão da rede

Assim, teremos:

- Corrente elétrica = 4.000 watts ÷ 127 volts
- Corrente elétrica que passará pelo cabo ligado na torneira elétrica = 31,49 ampères

Portanto, se o cabo de 2,5mm², que é padronizado para ligar as tomadas, suporta apenas 21 ampères, ao ligar a torneira, ele vai ser percorrido por uma corrente de 34,6 ampères, sendo maior do que ele suporta.

Dessa forma, haverá aquecimento do cabo e risco de incêndio.

É nessa situação que o disjuntor aparece como o "super-herói" da rede elétrica, ou seja, ele não permite que o cabo seja percorrido por uma correte maior do que a suportada. Se existisse um disjuntor de 16A protegendo esse cabo de 2,5mm², ele simplesmente desligaria quando a corrente fosse maior que o valor nominal.

Podemos dizer, então, que o disjuntor impede a sobrecarga.

Mas para isso temos que nos preocupar em escolher o disjuntor adequado para a instalação, segundo a tabela:

BITOLA DO CABO EM MM²	MÁXIMA CORRENTE PERMITIDA EM AMPÈRES	DISJUNTOR COM VALOR NOMINAL E AMPÈRES
1,5	15,5	10
2,5	21	16
4,0	28	25
6,0	36	32
10	50	50
16	68	63

Consultando a tabela, o cabo a ser utilizado na instalação da torneira elétrica tem que ser o de 6 mm²; e o disjuntor, de 32A (Figura 12.1).

12.2 CONEXÃO DO DISJUNTOR

Conforme calculamos anteriormente, o cabo deve ser de 6mm², que suporta até 36 ampères. Como a torneira "puxa" 31,49 ampères, o DTM (disjuntor termomagnético) será de 32A.

O circuito está bem-dimensionado (Figura 12.1).

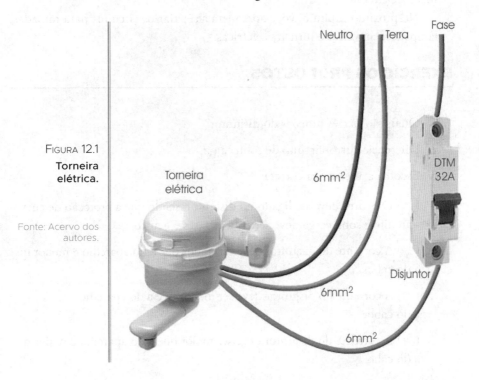

FIGURA 12.1
Torneira elétrica.

Fonte: Acervo dos autores.

O valor do disjuntor de 32A se encaixa na faixa entre o valor nominal do cabo e do equipamento. Considere a seguinte regra:

Corrente do Disjuntor (DTM):

- Maior que a do aparelho
- Menor que do cabo

Na Figura 12.1, é possível observar que o neutro e o terra devem ter a mesma bitola do cabo fase.

Outro ponto importante é quanto ao fato de que o neutro não é ligado no disjuntor, visto que a proteção de curto-circuito e sobrecarga se reserva somente às fases.

Em um circuito formado por fase e neutro, é utilizado apenas um disjuntor; já em circuitos com duas fases (fornecimento trifásico em 220 volts), são necessários dois disjuntores, ou seja, um para cada fase.

Ainda na Figura 12.1, é possível notar que existe uma rede específica para a torneira elétrica com um disjuntor de proteção. Essa rede individual é chamada de circuito.

No próximo capítulo, você aprenderá a separar os circuitos para tomadas, lâmpadas, chuveiros e torneiras elétricas.

EXERCÍCIOS PROPOSTOS

1 Quais são as três funções do disjuntor?

2 Diferencie curto-circuito de sobrecarga.

3 Escolha a alternativa correta:

( ) O neutro deve ser ligado no disjuntor, sendo que a proteção de curto--circuito e sobrecarga deve ser para as fases e neutro.

( ) A corrente do disjuntor deve ser maior que a do aparelho e menor que a do cabo.

( ) A corrente do disjuntor deve ser menor que a do aparelho e maior que a do cabo.

( ) A corrente do disjuntor deve ser maior que a do aparelho e maior que a do cabo.

4 Calcule o valor do disjuntor e a espessura do cabo para a proteção do aparelho de ar-condicionado de 2.000W e 127 V.

DIVISÃO DA INSTALAÇÃO ELÉTRICA EM CIRCUITOS 13

Como nunca se tem certeza sobre quais serão os tipos de aparelhos ou eletrodomésticos que serão ligados nas tomadas, é sua obrigação, como eletricista, proteger essas instalações.

Como foi ensinado anteriormente, o disjuntor deve estar presente nas instalações, não sendo unicamente na rede geral, mas em cada circuito ou redes individuais.

Aquela rede "mestre" deixa de existir quando vamos instalar o quadro de distribuição; ela vai ligada apenas do padrão de entrada até ao quadro.

A partir do quadro de distribuição, vão sair várias redes, sendo uma para cada finalidade (Figura 13.1).

13.1 CIRCUITOS DE ILUMINAÇÃO

São instalados com cabo de 1,5mm² e, neles, são ligadas somente lâmpadas. O disjuntor utilizado é de 10 ampères, já que o cabo suporta até 15,5 ampères, segundo a tabela.

Nesses circuitos, podem ser ligadas várias lâmpadas.

13.2 CIRCUITOS DE TOMADAS DE USO GERAL

São instalados com cabos de 2,5mm² e são destinados à ligação apenas de tomadas onde não se sabe exatamente o tipo de aparelho que será ligado nela, ou seja, na maioria das vezes, aparelhos portáteis, como liquidificadores, batedeiras, ferros de passar, lavadoras de roupas, geladeiras, freezers, micro-ondas, televisores, equipamentos de som, computadores, carregadores de celulares, entre outros.

Nesses circuitos, são ligadas várias tomadas.

13.3 CIRCUITOS DE TOMADAS DE USO ESPECÍFICO

Esses circuitos são exclusivos para ligar eletrodomésticos que consomem valores elevados de corrente elétrica. Normalmente, nesses circuitos, não são utilizadas as tomadas, pois a maioria delas só suporta no máximo 10 ampères; os cabos são ligados diretamente nos equipamentos, como é o caso do chuveiro e da torneira elétrica. Porém, existem tomadas de 20A, que são utilizadas para ligar aparelhos que não podem ter sua fiação ligada diretamente à rede. É o caso de portáteis, como ar-condicionados, micro-ondas etc.

Esses circuitos são feitos quando o equipamento for de alta potência e que, no momento do cálculo, for constatado que a corrente elétrica é maior do que 10 ampères.

Alguns equipamentos exigem que a tomada seja de uso específico, como é o caso do forno elétrico, lavadora de louça, churrasqueira elétrica, chuveiros, torneiras elétricas, aparelhos de ar-condicionado, entre outros.

13.4 QUADRO DE DISTRIBUIÇÃO

Diante do desafio de ter que dividir os circuitos em uma casa, obviamente haverá uma quantidade razoável de disjuntores também.

Para acomodar os disjuntores e manter os cabos dos circuitos enclausurados, existem algumas caixas de materiais metálicos ou plásticos que recebem o nome de "quadro de distribuição".

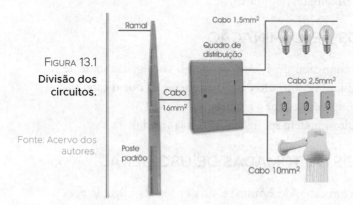

FIGURA 13.1
Divisão dos circuitos.

Fonte: Acervo dos autores.

13.5 SEPARANDO OS CIRCUITOS

Agora que você já sabe que não pode existir apenas uma rede na casa, mas que é preciso separar os três tipos de circuitos estudados anteriormente, vamos entender como fica a ligação dos disjuntores nos quadros.

13.5.1 Chuveiro

A ligação do chuveiro é simples, mas não se pode esquecer de dimensionar o cabo e o disjuntor através do calculo básico:

- Chuveiro de 5.400 watts em uma rede de 127 volts.
- Corrente elétrica = Potência do chuveiro ÷ Tensão da rede

Assim, teremos:

- Corrente elétrica = 5.400 watts ÷ 127 volts = 42,51A

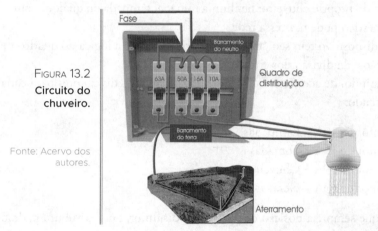

FIGURA 13.2 Circuito do chuveiro.

Fonte: Acervo dos autores.

A corrente elétrica que passará pelo cabo ligado no chuveiro será de 42,51 ampères. Concluindo, o cabo deve ser de 10mm² e o disjuntor de 50 ampères (Figura13.2).

No quadro de distribuição exemplificado na Figura 13.2, existe um circuito destinado para o chuveiro, um para as lâmpadas e outro para as tomadas. Podemos dizer que se trata de um quadro de uma edícula.

Você deve ter notado que, além dos disjuntores dos circuitos, existe também um disjuntor geral.

A função do disjuntor geral é permitir que o eletricista possa desligar a alimentação geral de energia elétrica para realizar manutenções no próprio quadro de distribuição. Mesmo que no padrão de entrada exista o disjuntor ligado após o medidor de energia, é preciso ter um no quadro também.

A rede que vem do padrão de entrada, composta por fase e neutro, conforme a Figura 13.2, deve ser feita com cabo de 16mm².

A fase é ligada do disjuntor geral e o neutro do barramento, que é uma espécie de conector formado por uma chapa de cobre, onde todos os cabos neutros serão conectados.

O disjuntor geral é que comanda os outros três disjuntores: 50A, 16A e 10A, por isso um cabo é ligado na saída do disjuntor (borne inferior) e depois é distribuído para os três disjuntores dos circuitos.

O disjuntor de 50 ampères foi usado para o chuveiro, a fim de proteger o cabo de 10mm². Não podemos nos esquecer do terra, que, na Figura 13.2, ilustra o aterramento feito externamente na residência, com um cabo ligado no barramento do terra.

Existem dois barramentos no quadro — o do neutro e o do terra — que estarão disponíveis para serem usados para os demais circuitos também.

É importante frisar que, no circuito do chuveiro, você não poderá ligar nada além do próprio chuveiro: nenhuma tomada, lâmpada ou qualquer outro eletrodoméstico pode usar essa rede.

Cada dispositivo tem seu circuito apropriado, essa é a lógica do quadro de distribuição e da divisão dos circuitos.

Concluindo: de acordo com a Figura 13.2, temos os disjuntores para cada circuito, sendo:

- Disjuntor de 10A = Lâmpadas
- Disjuntor de 16A = Tomadas
- Disjuntor de 50A = Chuveiro
- Disjuntor de 63A = Geral

Verifique sempre a posição de ligação do disjuntor, pois existe um padrão para isso.

Observe sempre a entrada e a saída do disjuntor com ele posicionado de modo que você consiga ler as descrições marcadas no corpo do componente, como valor nominal e demais informações (Figura 13.3).

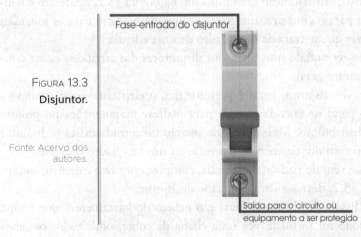

FIGURA 13.3
Disjuntor.

Fonte: Acervo dos autores.

13.5.2 Iluminação

O circuito de iluminação, conforme visto na Figura 13.4, atende todas as lâmpadas da edícula, ou seja, todo ponto de luz deve ser conectado nessa rede.

Ao terminar a instalação, você deve desligar o circuito de iluminação, mantendo os demais circuitos ligados e verificar se todas as lâmpadas apagaram. As tomadas e o chuveiro deverão continuar funcionando.

O cabo utilizado no circuito de iluminação deve ser de 1,5mm². Normalmente, não é utilizado o terra nas instalações de lâmpadas.

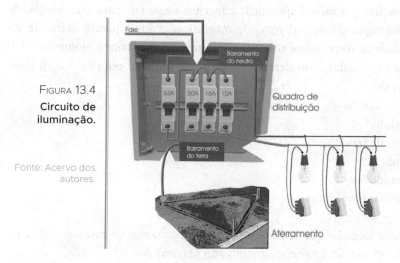

Figura 13.4
Circuito de iluminação.

Fonte: Acervo dos autores.

13.5.3 Tomadas de uso geral

O cabo usado no circuito de tomada é o de 2,5mm², e, nesse caso, é preciso conectar o cabo terra no barramento (Figura 13.5).

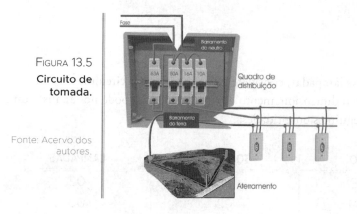

Figura 13.5
Circuito de tomada.

Fonte: Acervo dos autores.

13.6 QUANTIDADE DE TOMADAS E LÂMPADAS POR CIRCUITO

A NBR 5410 prevê a quantidade de tomadas de uso geral através do perímetro e a potência destas em função do cômodo em que estiverem instaladas.

A potência estimada para as lâmpadas em cada cômodo é definida através de cálculos de área. Essas regras, você poderá constatar através de estudos mais avançados, caso tenha interesse em se aprofundar nos conhecimentos teóricos da eletroeletrônica.

Neste livro, o foco é apresentar conceitos essenciais para a realização de uma instalação elétrica. Porém, algumas dicas práticas para a definição da quantidade de dispositivos em cada circuito você obterá neste momento.

Para as tomadas, considere no máximo seis tomadas por circuito, quando se tratar de:

- Cozinhas
- Áreas de serviço
- Copas
- Lavanderias
- Oficinas domésticas

Para as tomadas que estiverem nos demais cômodos da casa, considere no máximo 15 tomadas por circuito, quando se tratar de:

- Quartos
- Salas
- Escritórios
- Corredores
- Garagens
- Varandas
- Sótão

No caso das lâmpadas, considere sete lâmpadas por circuito.

Simulando o dimensionamento de uma residência, podemos analisar uma casa com as seguintes quantidades:

CÔMODO	TOMADAS	LÂMPADAS
GARAGEM	03	02
QUINTAL	02	02

DIVISÃO DA INSTALAÇÃO ELÉTRICA EM CIRCUITOS

CÔMODO	TOMADAS	LÂMPADAS
COZINHA	06	01
ÁREA DE SERVIÇO	04	01
CORREDOR	01	01
BANHEIRO SOCIAL	01	01
QUARTO 3	04	01
QUARTO 2	04	01
QUARTO 1	04	01
SALA	05	01

A tomada mencionada no banheiro não se trata do chuveiro e sim daquela tomada que fica próximo ao espelho para ligar barbeadores ou secadores de cabelos.

Quanto aos chuveiros, vale lembrar que são tomadas específicas e precisam de um circuito independente para cada um.

Vamos iniciar pela iluminação:

O total de lâmpadas foi doze, ficando cada circuito com seis lâmpadas. Você deverá montar dois circuitos e definir quais cômodos se ligarão a cada um deles.

Para melhor entendimento, você deve colocar dois disjuntores no quadro de distribuição de 10A cada um e sair com duas redes contendo a fase e o neutro para a parte da casa onde você definiu que as lâmpadas fossem ligadas em cada um dos circuitos.

Num exemplo mostrado anteriormente (Figura 13.4) do quadro de distribuição, existia apenas um circuito para as lâmpadas; neste caso existirão dois, portanto, o conceito da ligação do disjuntor deve ser duplicado.

O barramento do neutro continua sendo um só dentro do quadro, pois dele sairão vários cabos.

Observe que existem os parafusos para dar aperto na ponta do cabo desencapado dentro dos orifícios da barra de cobre (Figura 13.6). Na iluminação, normalmente, o terra não é utilizado.

Figura 13.6
Barramento do neutro ou terra.

Fonte: Acervo dos autores.

Sendo assim, vamos definir os circuitos de iluminação:

- Circuito 01: sala, garagem, corredor, banheiro social e cozinha (seis pontos de luz).
- Circuito 02: quartos (1, 2 e 3), quintal e área de serviço (seis pontos de luz).

Cada um desses circuitos será instalado com cabo de 1,5mm².

Continuando na mesma linha de raciocínio, vamos pensar nas tomadas, que, no total, somam-se numa quantidade de 34.

É bastante e, obviamente, não será possível colocar todas no mesmo circuito, mas vamos dividir de acordo com as quantidades sugeridas anteriormente, ou seja:

- Circuito 03: tomadas da cozinha (6 tomadas)
- Circuito 04: tomadas da área de serviço (4 tomadas)
- Circuito 05: quartos 1, 2 e 3 (12 tomadas).
- Circuito 06: sala, garagem, corredor, quintal e banheiro social (12 tomadas).

Cada um desses circuitos deverá ser instalado com cabo de 2,5mm².

O mesmo conceito adotado para o circuito de iluminação serve para o de tomada, sendo que cada um desses numerados anteriormente deverá ter uma rede individual.

Enquanto no quadro de distribuição exemplificado existe apenas um circuito de tomada (Figura 13.5), nesse exemplo teremos 4 circuitos de tomada, portanto, 4 disjuntores de 16A.

Assim, cada rede de tomada deverá ser composta por fase, neutro e terra, individualmente, sendo instalada do quadro até o cômodo que deverá alimentar.

Vale lembrar que a cozinha e a área de serviço devem estar sempre em um circuito individual, uma vez que, nesses cômodos, a quantidade de eletrodomésticos é maior, como também o valor de potência nominal de cada um deles.

Para finalizar, vamos definir os chuveiros:

- Todos os chuveiros são de alta potência e, portanto, já devem ser definidos como circuitos separados:
  - Circuito 07: chuveiro do banheiro social
  - Circuito 08: chuveiro do banheiro suíte

DIVISÃO DA INSTALAÇÃO ELÉTRICA EM CIRCUITOS

O cabo dos chuveiros será definido de acordo com o cálculo: potência ÷ tensão = corrente

Concluindo, no dimensionamento dessa residência, teremos (Figura 13.7):

- 7 circuitos
- 1 disjuntor geral

Descrevendo as quantidades, serão:

- 1 disjuntor de 63A (geral)
- 1 disjuntor de 50A (chuveiro)
- 4 disjuntores de 16A (tomadas)
- 2 disjuntores de 10A (iluminação)

FIGURA 13.7
Quadro de distribuição completo.

Fonte: Acervo dos autores.

EXERCÍCIOS PROPOSTOS

1. Nos circuitos de iluminação, qual bitola de cabo e qual disjuntor devem ser utilizados?

2. Nos circuitos de tomada de uso geral, qual bitola de cabo e qual disjuntor devem ser utilizados?

3. Para a ligação de um aquecedor de 3.000W ligado em 127V, qual tipo de circuito deve ser considerado: iluminação, tomada de uso geral ou tomada de uso específico? Dimensione o cabo e o disjuntor.

4. Qual é a bitola de cabo recomendada para o neutro e o terra nos circuitos de iluminação, tomadas de uso geral e tomadas de uso específico?

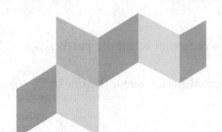

RECAPITULANDO

Os conhecimentos das instalações elétricas residenciais nos permite montar circuitos básicos para as necessidades cotidianas dos lares, como acendimento de lâmpadas, ligações de tomadas, campainha, chuveiros, entre outros.

Contudo, as instalações elétricas vão além desses conhecimentos, uma vez que necessitamos instalar sistemas automáticos de segurança, lógica, bombeamento da água das piscinas e de incêndio.

Podemos dizer que os componentes estudados nos capítulos anteriores nos permitem acomodar a ideia de como funcionam as instalações elétricas de um modo geral e o comportamento das grandezas elétricas nesses circuitos.

Vamos entender, nos próximos capítulos, como é possível instalar motores, sistemas de iluminação de grandes proporções, contatores, instrumentos de medição, telefonia e sistemas automáticos de segurança.

Parte 2

INTRODUÇÃO
À INSTALAÇÃO
ELÉTRICA PREDIAL

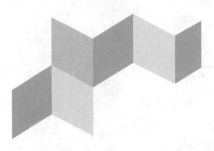

Você já pensou em fazer reparos nas instalações elétricas de prédios e comércios oferecendo solução para alguns sistemas que requerem o uso de motores, iluminação de ambientes ou ainda a proteção e estruturação das instalações elétricas?

Com certeza se imaginou manuseando ferramentas como alicates, chaves de fenda, martelos, escada, multímetros, fita isolante e outros materiais e ferramentas. Sem falar na sensação de se sentir capaz e ver o seu trabalho finalizado para que você e outras pessoas possam usufruir.

O "fazer com as próprias mãos" oferece essa sensação. E, também, os recursos da eletricidade são bem interessantes.

Porém, as perguntas que você fez a si mesmo certamente foram:

Como será que se faz a ligação de um motor elétrico?

Como a energia elétrica passa pelos fios?

Como deve ser a ligação de um PABX?

Qual é a espessura do fio que devo usar na instalação?

Quais as diferenças entre os motores elétricos?

Como se faz para ligar tomadas de telefones?

Todas essas perguntas serão respondidas para você neste livro, através de imagens, exemplos práticos e conceitos que envolvem uma instalação elétrica.

E, ainda muito mais do que isso, você terá uma visão geral da instalação elétrica predial, adquirindo conhecimento para instalar e manter instalações elétricas residenciais, comerciais e prediais.

A abordagem dos conteúdos será de forma clara, simples e objetiva, sem o aprofundamento teórico a respeito dos conceitos envolvidos na eletricidade.

Os conceitos envolvidos serão imediatos, ou seja, aqueles de que você precisa para fazer os dispositivos elétricos funcionarem, obviamente, com segurança.

INSTRUMENTOS DE MEDIÇÕES ELÉTRICAS 14

Para realizar os trabalhos na eletricidade com precisão, devemos, na maioria das vezes, efetuar medições das grandezas, como: tensão, corrente e resistência elétrica.

Para tanto, é preciso escolher o instrumento adequado, bem como a escala correta de medição.

14.1 MULTÍMETRO

O termo "multímetro" foi adotado em decorrência da multifuncionalidade que o aparelho (Figura 14.1) tem, isto é, sua capacidade de medir várias grandezas. Ele conta com uma escala seletora para a escolha do tipo da medida, podendo ser do voltímetro, amperímetro, ohmímetro, entre outros.

Alguns multímetros têm o visor no formato de *display* digital, e outros têm mostrador analógico com ponteiro.

É de extrema importância o cuidado em relação à escolha da função a ser medida através da chave seletora, conexão das pontas de prova e posicionamento destas no ponto a ser medido.

Portanto, nunca realize algum tipo de medição caso não tenha certeza do procedimento!

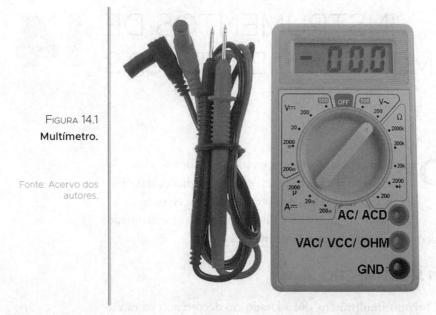

Figura 14.1
Multímetro.

Fonte: Acervo dos autores.

As pontas de prova são encontradas nas cores vermelha e preta, sendo um padrão normalizado.

No multímetro existem três bornes para encaixe das pontas de prova (Figura 14.1), sendo cada um para uma finalidade determinada.

Vamos aprender como usar os recursos para medição de VAC, VCC e OHM, que são medidas comuns em instalações elétricas prediais. Quanto à medição de corrente elétrica, o multímetro não é indicado, pois a medição dessa grandeza oferece risco durante o procedimento. Para suprir essa necessidade, adotaremos o alicate amperímetro para medir corrente elétrica — mais adiante.

INSTRUMENTOS DE MEDIÇÕES ELÉTRICAS

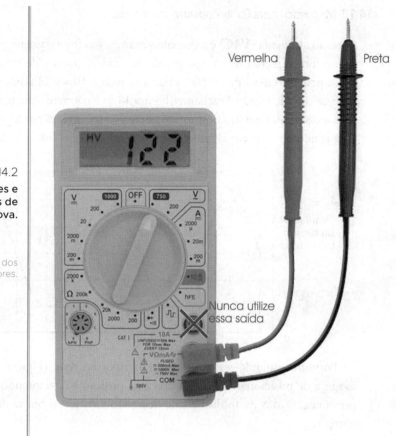

FIGURA 14.2
Bornes e pontas de prova.

Fonte: Acervo dos autores.

Dessa forma, o borne AC/DC do multímetro, conforme visto na Figura 14.2, não será empregado.

Mantenha as pontas encaixadas nas saídas e evite utilizar a saída marcada com "X", conforme a Figura 14.2. Essa saída é apropriada somente para corrente elétrica.

Adote esse padrão de segurança em seu multímetro!

Caso você mude a ponta de prova e conecte na saída de corrente ao medir tensão, o multímetro entrará em CURTO-CIRCUITO!

77

14.1.1 Medindo tensão alternada da tomada

A tensão alternada (**VAC**) é a que encontramos nas tomadas e redes elétricas, ou seja, o fornecimento de energia gerado nas hidrelétricas é de tensão alternada. Aliás, podemos dizer que 90% da nossa energia é disponibilizada nesse padrão.

Esse tipo de tensão é oscilante (Figura 14.3) e não tem uma polaridade definida, pois o valor máximo e mínimo alterna sessenta vezes por segundo, por isso você já deve ter lido em alguns aparelhos a informação: 60Hz (sessenta hertz).

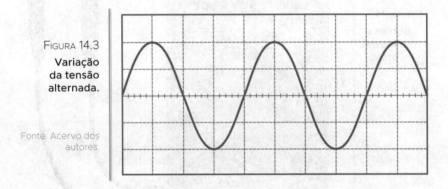

Figura 14.3
Variação da tensão alternada.

Fonte: Acervo dos autores.

Portanto, quando você for medir tensões na rede (Figura 14.4), não se esqueça de posicionar a chave seletora na posição **V˜**, mantendo as pontas de prova encaixadas no multímetro e deixando sem uso o borne de medição de corrente.

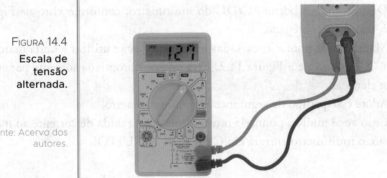

Figura 14.4
Escala de tensão alternada.

Fonte: Acervo dos autores.

14.1.2 Medindo tensão contínua de bateria

Em circuitos eletrônicos, a tensão de trabalho interna não pode ser variável, mas constante. Para corrigir a tensão alternada e torná-la constante, utiliza-se o sistema de retificação.

A retificação da tensão dentro dos aparelhos ocorre através dos diodos, capacitores e estabilizadores de tensão.

Após o processo de retificação, a tensão alternada muda para tensão contínua.

A tensão contínua não tem variação, e, ainda, um cabo é determinado como positivo e outro como negativo, ou seja, tem polaridade e um valor de tensão constante.

Fontes de notebooks, carregadores de celular, pilhas e baterias são exemplos de tensão contínua em nosso dia a dia.

Nas instalações prediais, as fontes são utilizadas em câmeras, fechaduras eletrônicas e muitos outros sistemas.

Para medir a tensão contínua, precisamos escolher a escala correta.

Portanto, não se esqueça de posicionar a chave seletora do multímetro na posição **VCD**, mantendo as pontas de prova encaixadas no aparelho, deixando sem uso o borne de medição de corrente, conforme a Figura 14.5.

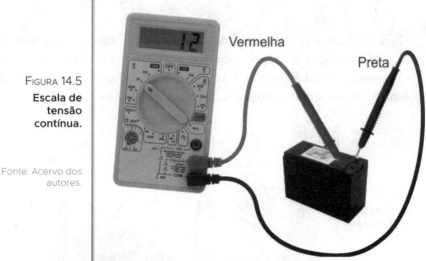

Figura 14.5
Escala de tensão contínua.

Fonte: Acervo dos autores.

Nesse caso, existe polaridade na medição, ou seja, a ponta de prova vermelha é positiva e a preta é a negativa, conforme mostrado na Figura 14.5, na medição da bateria de 12 volts. Essa bateria é utilizada em centrais de alarme e eletrificadores.

14.1.3 MEDINDO RESISTÊNCIA

Outro recurso do multímetro é a escala de resistência (Figura 14.6), que pode ser usada, por exemplo, no teste do enrolamento da bobina de motores.

O motor do ventilador tem três cabos, sendo um comum, o outro que faz girar no sentido horário (bobina A) e o terceiro que faz girar ao contrário (bobina B).

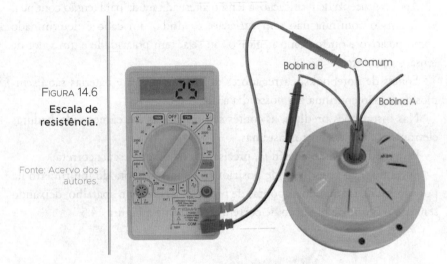

FIGURA 14.6
Escala de resistência.

Fonte: Acervo dos autores.

Para localizar esses cabos, quando não existir uma indicação por meio de manual ou marcação no próprio cabo, meça utilizando a escala de resistência.

De acordo com a Figura 14.7, medindo o cabo comum com o cabo da bobina A, nota-se que o multímetro marcou 25Ω.

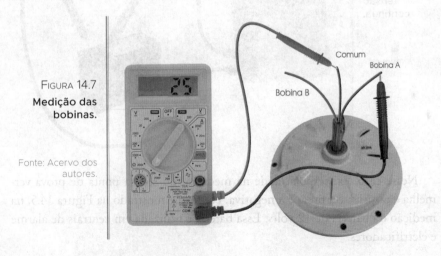

FIGURA 14.7
Medição das bobinas.

Fonte: Acervo dos autores.

INSTRUMENTOS DE MEDIÇÕES ELÉTRICAS

O mesmo aconteceu ao medir o cabo comum com o cabo da bobina B, mostrando o valor igual a 25Ω.

Com essas duas medições, ficou evidente o cabo "comum", uma vez que este, ao ser tomado com referência, sempre mostra o mesmo valor.

Caso uma das bobinas mostre valores diferentes ou registrem 0Ω, certamente é um indicativo de que o motor está com defeito.

Medindo as pontas das bobinas A e B, o resultado será 50Ω, ou seja, a soma dos valores de resistência de ambas.

Para essa medição você deverá selecionar a escala de resistência do multímetro, indicada pelo símbolo Ω.

14.1.4 Medindo continuidade

Em algumas situações, você vai precisar testar o cabo, a fim de verificar se ele não está rompido.

Esse teste (Figura 14.8) também ajuda a localizar cabos sem identificação nos eletrodutos. Quando o cabo está em boas condições, ou se foram encontradas as pontas, o buzzer (pequena sirene que existe dentro do multímetro) emite um som.

Caso não haja tal recurso sonoro no aparelho, o display vai indicar uma sequência de números zero.

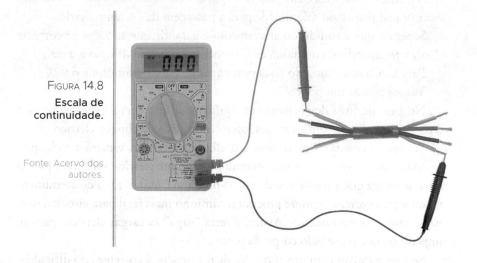

Figura 14.8
Escala de continuidade.

Fonte: Acervo dos autores.

14.2 TERRÔMETRO

Quando o aterramento está em processo de execução, o eletricista deve ter a preocupação de medi-lo para comprovar a sua eficiência.

Essa medição apresentará valores de resistência cuja unidade de medida é dada em OHM, ou pela letra Ω. Para tanto, você deverá usar o terrômetro (Figura 14.9).

Figura 14.9
Terrômetro.

Fonte: Acervo dos autores.

A resistência elétrica é a capacidade que determinado elemento tem de oferecer impedimento ou dificuldade para a passagem da corrente elétrica.

Sabemos que a função do aterramento é garantir que as fugas de corrente elétrica em aparelhos com falha de isolamento sigam em direção à terra.

Para isso, a resistência do terra precisa ser de baixo valor ôhmico (Ω).

Vamos pensar um pouco!

No caso de fuga de corrente em equipamentos, a energia elétrica passa a fazer contato direto com a carcaça, oferecendo risco de choque elétrico.

Se alguma pessoa encostar nesse aparelho, com certeza, tomará um choque.

Mas, caso o aparelho esteja aterrado, a corrente elétrica vai direto para a terra, uma vez que a resistência do corpo humano é maior que a do aterramento, ou seja, a corrente sempre procura o caminho mais fácil para circular, que, nesse caso, é o aterramento. Assim, a terra "suga" as cargas elétricas para si, impedindo que passe pelo corpo da pessoa.

Se a terra estiver com um alto valor de resistência, a corrente terá dificuldade para "fugir" para ela e ser "sugada por" ela, podendo, nesse caso, energizar pessoas que vierem a encostar nas partes energizadas do aparelho.

INSTRUMENTOS DE MEDIÇÕES ELÉTRICAS

Portanto, o terrômetro (Figura 14.9) tem a função de medir a resistência da terra e, com isso, demonstrar para o eletricista se é preciso utilizar maior quantidade de hastes terra durante a execução do aterramento, a fim de diminuir a resistência oferecida.

Em alguns locais com solo arenoso, rochoso ou seco, a resistência da terra apresenta altos valores em OHM (Ω) e precisa de várias hastes para auxiliar na diminuição da resistência.

14.2.1 Hastes de referência

Durante a medição, o eletricista pode fazer uso de algumas hastes (Figura 14.10) mais curtas que facilitam a medição em vários pontos, pois, sendo pequenas, podem ser cravadas no solo e retiradas sem muito esforço.

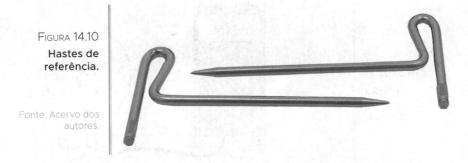

Figura 14.10
Hastes de referência.

Fonte: Acervo dos autores.

Normalmente, se trabalha com duas hastes de referência (Figura 14.11) e o ponto de comparação, que deve ser uma haste padrão de 2,40m enfincada no solo.

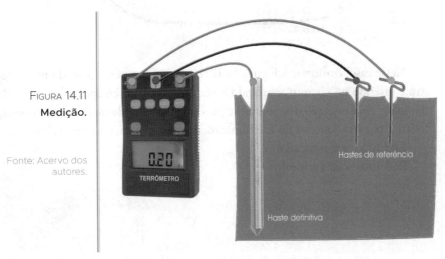

Figura 14.11
Medição.

Fonte: Acervo dos autores.

83

As outras hastes deverão ser enfincadas no local onde as hastes de referência tiverem apresentado baixo valor de resistência em OHM (Ω).

14.3 ALICATE AMPERÍMETRO

O eletricista, em algumas situações, precisa medir a corrente que está circulando em determinados equipamentos, circuitos e redes.

Os valores de corrente elétrica são altos, o que torna o uso do multímetro inadequado, em virtude do risco oferecido no momento da medição, uma vez que o amperímetro é conectado em série (Figura 14.12) com o circuito a ser medido.

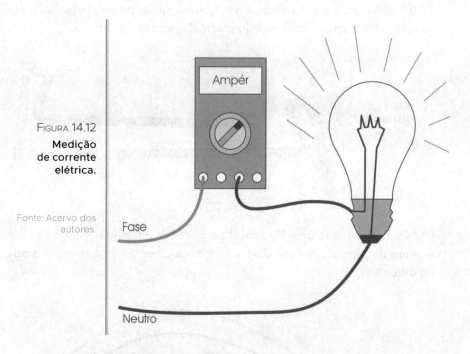

FIGURA 14.12
Medição de corrente elétrica.

Fonte: Acervo dos autores.

Nesse caso, conforme a Figura 14.12, o recurso "amperímetro" do multímetro é inserido no circuito, causando a necessidade de interrupção dos cabos da lâmpada para inserção das pontas de prova no circuito, de modo que a corrente elétrica passe no interior do instrumento, da mesma forma que nos cabos.

Essa prática é arriscada!

Podemos fazer melhor!

INSTRUMENTOS DE MEDIÇÕES ELÉTRICAS

Vamos deixar o multímetro e utilizar o alicate amperímetro. Este instrumento mede a corrente elétrica sem a necessidade de ser inserido no circuito em série, conforme a Figura 14.13.

O alicate amperímetro mede a corrente elétrica que percorre o circuito, sendo que esta gera um campo elétrico ao percorrer os cabos.

Sabemos que, quando a corrente elétrica percorre um cabo, ela gera ao redor deste um campo elétrico que não conseguimos enxergar, mas a pinça do alicate amperímetro consegue detectar. Ele é capaz de converter o valor do campo elétrico em ampères, já que ambos são proporcionais, ou seja, se o campo aumenta, a corrente também aumenta.

A utilização do alicate dispensa a interrupção dos cabos do circuito, bastando apenas "abraçar" o cabo com as pinças do instrumento e o valor será mostrado em seu visor.

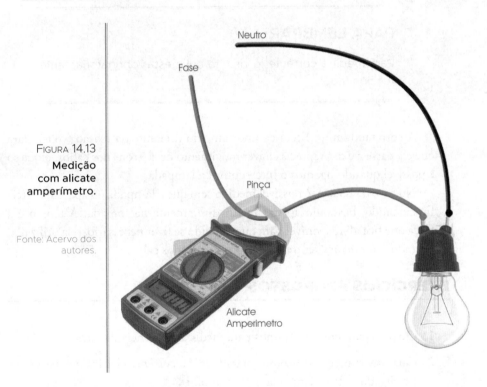

FIGURA 14.13
Medição com alicate amperímetro.

Fonte: Acervo dos autores.

Da mesma maneira que no multímetro, você deve selecionar a escala (Figura 14.14) adequada para medir a corrente elétrica **ACA**.

85

Figura 14.14
Escala de corrente.

Fonte: Acervo dos autores.

PARA LEMBRAR

Para medir a corrente, o circuito deve estar obrigatoriamente funcionando!

A corrente (ampère) tem comportamento diferente da tensão (volts). Para que ela passe a existir, precisa haver movimento de elétrons nos cabos, o que só é possível quando ligamos o interruptor da lâmpada.

No caso da tensão, é possível medi-la sem que a lâmpada ou aparelho esteja funcionando, bastando apenas medir diretamente na tomada. A tensão é a força que fica ali disponível para que, quando se fizer necessário, seja utilizada, gerando "empurrões" entre os elétrons dentro dos cabos.

EXERCÍCIOS PROPOSTOS

1 Qual instrumento utilizamos para medir a resistência da terra?

2 Qual instrumento utilizamos para medir a corrente elétrica que passa nos fios ligados a uma lâmpada, por exemplo?

3 Qual instrumento e escala utilizamos para localizar bobinas dos enrolamentos dos motores?

4 Qual instrumento utilizamos para medir a tensão contínua e alternada?

ILUMINAÇÃO DE AMBIENTES 15

Um dos serviços mais procurados pelos consumidores de energia elétrica é a instalação, reparo e readequação dos sistemas de iluminação.

Algumas vezes, durante as minhas aulas noturnas, apagava as luzes da sala por alguns minutos e continuava falando, mostrando e explicando algum assunto na lousa para os alunos, até alguém se manifestar.

Quando isso acontecia, eu declarava minha estratégia de aula, ou seja, a importância da iluminação e do trabalho responsável do eletricista.

Argumentava que os alunos deveriam refletir sobre sua atuação quando fossem prestar algum serviço de iluminação elétrica, considerando a hipótese de um ambiente como uma sala de aula ou uma sala cirúrgica, por exemplo, ficar sem iluminação por erro de instalação!

15.1 TIPOS DE LÂMPADAS

Todo circuito de iluminação deve estar bem instalado, seguindo as regras de dimensionamento dos cabos, conexões e com emendas bem-feitas, além do tipo de lâmpada empregado.

15.1.1 INCANDESCENTES

Funcionam a partir do aquecimento da resistência do filamento que propaga luz dentro do bulbo de vidro graças à ausência de ar (vácuo) existente no interior da lâmpada.

Esse tipo de lâmpada está perdendo espaço no mercado devido ao alto consumo de energia elétrica, uma vez que apenas

INSTALAÇÃO RESIDENCIAL APLICADA À IoT

40% da energia elétrica são convertidos em luz, e os outros 60% são perdidos em forma de calor na resistência (filamento) da lâmpada.

O que resta ainda no mercado são as de potência inferior a 40W, utilizadas em ambientes que requerem iluminação ornamental.

IMAGEM	LÂMPADAS INCANDESCENTES	APLICAÇÃO
	BOLINHA COLORIDA	ABAJURES, EFEITOS ORNAMENTAIS E ÁRVORES DE NATAL.
	COMUM	USO GERAL.
	CHAMA	LUSTRES INSTALADOS EM ARQUITETURA RÚSTICA.
	GOTA	LUSTRES INSTALADOS EM ARQUITETURA RÚSTICA.

15.1.2 Halógenas

Com o aperfeiçoamento ao longo do tempo, as lâmpadas incandescentes passaram por inovações, sendo que, após estudos técnicos ao longo dos anos, percebeu-se que, se o gás halógeno fosse introduzido no bulbo de vidro durante o processo de fabricação da lâmpada, este poderia regenerar o filamento à medida que ele fosse perdendo suas características devido ao processo de aquecimento excessivo.

Em outras palavras, o gás halógeno atua como "refrigerador" do filamento (resistência da lâmpada), tanto evitando aquecimento, como proporcionando maior aproveitamento útil da energia elétrica em forma de luz.

Dessa forma, as incandescentes foram melhoradas com a incorporação do gás halógeno, conforme a Figura 15.1. Mesmo assim, as lâmpadas halógenas ocupam lugar de destaque entre as que mais consomem energia.

Figura 15.1
Lâmpada halógena.

Fonte: Acervo dos autores.

INSTALAÇÃO RESIDENCIAL APLICADA À IoT

IMAGEM	LÂMPADAS HALÓGENAS	APLICAÇÃO
	PAR: BRANCA E COLORIDAS	EFEITOS ORNAMENTAIS, SENDO INSTALADAS EM HOLOFOTES BLINDADOS ENTERRADOS NO SOLO PARA ILUMINAR A FOLHAGEM DE ÁRVORES E JARDINS.
	PALITO: 300 WATTS 500 WATTS	INSTALADAS EM HOLOFOTES PARA ILUMINAÇÃO DE ÁREAS EXTERNAS.
	DICROICA	INSTALADAS EM SANCAS DE GESSO E VITRINES DE LOJAS.

ILUMINAÇÃO DE AMBIENTES

15.1.3 Fluorescentes

A lâmpada fluorescente foi a inovação das duas últimas décadas, onde o filamento que se aquece para produzir luz desaparece, dando lugar à energia liberada pelo fóton, que é uma reação de elétrons com as moléculas do mercúrio, sódio e brometos.

Assim, a perda de energia por aquecimento reduz e a maior parte é convertida efetivamente em luz.

Porém, nessa tecnologia, é preciso utilizar o reator. Sua função é aplicar uma tensão de alto valor nos terminais da lâmpada para que se inicie a reação dita anteriormente.

Podemos dizer que a lâmpada fluorescente é quatro vezes mais eficiente do que a incandescente.

Em comparação, uma lâmpada fluorescente de 25W equivale a uma de 100W.

4 (eficiência da fluorescente) x 25 (potência da fluorescente) = 100 (potência da incandescente)

As lâmpadas compactas já têm o reator acoplado no mesmo invólucro; a tubular, por sua vez, é circular, necessitando de reator separado.

IMAGEM	LÂMPADAS FLUORESCENTES	APLICAÇÃO
	COMPACTA ESPIRAL	AMBIENTES DIVERSOS. DISPENSA O USO DE REATOR.
	TUBULAR	AMBIENTES DIVERSOS. REQUER O USO DE REATOR.

INSTALAÇÃO RESIDENCIAL APLICADA À IoT

IMAGEM	LÂMPADAS FLUORESCENTES	APLICAÇÃO
	COMPACTA COMUM	AMBIENTES DIVERSOS. DISPENSA O USO DE REATOR.
	CIRCULAR	AMBIENTES DIVERSOS. REQUER O USO DE REATOR.

15.1.4 A vapor

Funcionam a partir do mesmo princípio da fluorescente, diferenciando apenas o tipo de gás utilizado no interior do bulbo de vidro da lâmpada.

Enquanto as fluorescentes utilizam o gás hélio, as lâmpadas a vapor funcionam com o mercúrio, sódio, iodetos e brometos.

O termo "a vapor" se refere ao fato de que, no instante em que o metal líquido sódio, por exemplo, é atingido pelos elétrons, ele aquece, saindo do estado líquido e se vaporizando dentro do bulbo de vidro da lâmpada.

A partir daí, o "choque" dos elétrons com as moléculas do material vaporizado liberará energia luminosa.

ILUMINAÇÃO DE AMBIENTES

IMAGEM	LÂMPADAS A VAPOR	APLICAÇÃO
	HQI	ESTACIONAMENTOS, ENTRADA DE VEÍCULOS.
	VAPOR DE SÓDIO	PRAÇAS, ESTACIONAMENTOS, RUAS E AVENIDAS PÚBLICAS.
	VAPOR METÁLICO	CAMPOS DE FUTEBOL.

15.1.5 LED

Finalmente, o mundo da iluminação chegou a um nível de superação e desenvolvimento tal que a energia consumida para manter um ambiente iluminado hoje passou a ser muito pequena.

A tecnologia LED é conseguida graças ao semicondutor arsenieto de gálio, que, quando submetido a um valor de tensão na faixa de 12V, gera uma quantidade significativa de luz, com baixo consumo de corrente. Além disso, devido ao fato de não existir aquecimento nesse material, a vida útil é prolongada.

Provavelmente, a bitola dos cabos de iluminação será consideravelmente reduzida.

IMAGEM	LÂMPADA A LED	APLICAÇÃO
	DICROICA A LED	INSTALADAS EM SANCAS DE GESSO E VITRINES DE LOJAS.
	COMPACTA A LED	USO GERAL.
	COMUM A LED	USO GERAL.

15.1.6 Ligação de lâmpadas a vapor

O bocal ou soquete nessa ligação deve ser de porcelana, porém, não é um bocal comum, pois a rosca da lâmpada a vapor pode ser de diâmetro maior quando for de potência mais alta.

Esse soquete é conhecido como E40, diferentemente daquele comum, que recebe a descrição de E27.

O reator da Figura 15.2 é próprio para uso externo. Dentro do invólucro se encontra o próprio reator, o ignitor e o capacitor.

ILUMINAÇÃO DE AMBIENTES

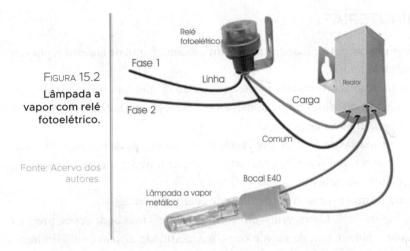

Figura 15.2
Lâmpada a vapor com relé fotoelétrico.

Fonte: Acervo dos autores.

Quando a ligação for atender as lâmpadas internas, não é necessária aquela caixa metálica vista na Figura 15.2, pois os componentes (reator, ignitor e capacitor) estarão protegidos de intempéries (chuva, sol, neblina).

Nesse caso, o custo da ligação diminui (Figura 15.3), sendo economicamente viável. A ligação pode ser em 127 ou 220V.

Você deve ter notado que são necessários vários componentes para o funcionamento dessa lâmpada, ou seja, ela não é ligada diretamente à rede como as lâmpadas comuns, mas necessitam de ignitores e capacitores para auxiliar na partida e do reator para controlar a corrente na lâmpada após a partida.

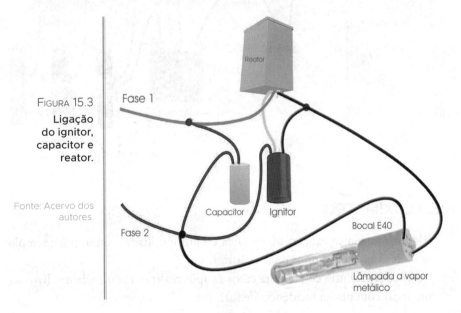

Figura 15.3
Ligação do ignitor, capacitor e reator.

Fonte: Acervo dos autores.

15.2 MINUTERIAS

São dispositivos eletrônicos que permitem o acionamento de lâmpadas por um determinado tempo.

A utilização da minuteria favorece o acesso de pessoas em locais de passagem como corredores e estacionamentos, ou seja, em ambientes onde não existe a permanência de pessoas.

Nas escadarias de prédios, por exemplo, o morador passa e acende a lâmpada; a minuteria, por sua vez, a mantém acesa por noventa segundos e, depois, a apaga automaticamente.

Dessa forma, evita-se o desperdício de energia elétrica.

Na Figura 15.4, foram utilizados três pulsadores, mas pode ser empregada uma quantidade maior, de acordo como a necessidade, não havendo limites.

As minuterias são fabricadas por diversas empresas, e cada uma estabelece um padrão de ligação.

Fique atento quanto à indicação das cores dos cabos nos manuais de instalação.

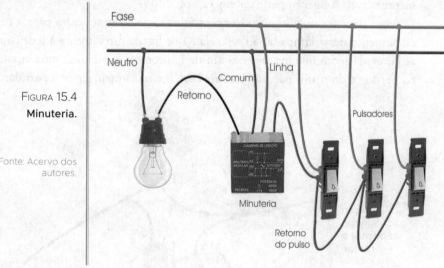

FIGURA 15.4
Minuteria.

Fonte: Acervo dos autores.

15.3 LUXÍMETRO

Alguns ambientes exigem níveis altos de luminosidade, como, por exemplo, salas de aula, laboratórios e salas cirúrgicas.

Você já se sentiu com a vista cansada após realizar a leitura de um livro em um local com pouca incidência de luz?

ILUMINAÇÃO DE AMBIENTES

É exatamente isso que acontece!

Podemos dizer que esse ambiente estava com a quantidade de lux abaixo do valor recomendado. Para medir os ambientes e descobrir se a luminosidade está dentro do padrão estabelecido, você deve utilizar o luxímentro.

Lux é a unidade de medida da iluminância. Essa grandeza mede a quantidade de lúmens por metro quadrado.

A norma que estabelece os padrões de luminosidade é a NBR 5413. Faça uma pesquisa e fique por dentro dos valores indicados para cada atividade.

Quando for detectado baixo nível de luz, provavelmente, deverá ser feita a troca de lâmpadas ou acrescentados mais pontos de luz.

Sabemos que as lâmpadas perdem sua eficiência luminosa com o passar do tempo devido ao desgaste ocasionado pela elevada temperatura de trabalho constante.

Existem tabelas que indicam a quantidade de lux necessária de acordo com a atividade desenvolvida no local, bem como outros fatores, como faixa etária das pessoas e cores do teto, parede e piso.

Outro fator importante a ser observado é a depreciação do local, com a ocorrência de sujeira e envelhecimento da pintura das paredes e tetos do ambiente iluminado.

Portanto, o eletricista deve ter conhecimento do instrumento adequado para tal finalidade, sabendo medir com o luxímetro cada ambiente.

Quanto aos detalhes, projetos e normas, cabe aos engenheiros e técnicos defini-los.

AMBIENTE	QUANTIDADE DE LUX
RECEPÇÃO	100 A 300
SALA DE LEITURA	300 A 800
ESCRITÓRIO	300 A 700
BANCADAS	300 A 750
SALAS CIRÚRGICAS	300 A 1000

INSTALAÇÃO RESIDENCIAL APLICADA À IoT

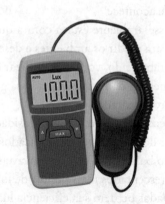

FIGURA 15.5
Luxímetro.

Fonte: Acervo dos autores.

A medição com esse instrumento (Figura 15.5) é bem simples: basta manter a lente apontada para cima em uma superfície para que apareça no display o valor em lux.

EXERCÍCIOS PROPOSTOS

1. Elabore a lista de material (sem considerar tubulação e cabos) para a instalação de um sistema de iluminação da escadaria de um prédio de quatro andares, tendo um ponto de acionamento de um ponto de luz em cada *hall* de escada.

2. Quais tipos de lâmpadas você recomendaria para um arquiteto para a iluminação de ambientes ornamentais?

3. Para iluminar um campo de futebol, qual tipo de lâmpada é mais adequado?

4. O eletricista foi chamado para solucionar o problema de uma sala com baixo nível de luminosidade. Marque Falso ou Verdadeiro na alternativa que corresponda com sua atitude diante desse desafio:

( ) Acrescentar lâmpadas ao ambiente de modo aleatório.

( ) Medir o iluminamento com o luxímetro e comparar com tabelas a fim de orientar com maior precisão o proprietário.

( ) Realizar a troca do tipo de lâmpada do local.

( ) Solicitar que o proprietário defina um novo projeto para o ambiente, pois os detalhes, projetos e normas, cabe aos engenheiros e técnicos defini-los.

TUBULAÇÃO APARENTE 16

Quando você não encontrar uma tubulação já pronta e embutida na parede, terá a missão, como eletricista predial, de fazer uma tubulação externa de metal ou plástico (PVC) para que os cabos possam ficar acomodados e protegidos do tempo.

Entretanto, essa tubulação tem que ser bem feita e deverá seguir alguns critérios, como o nivelamento e a estética.

Encontramos no mercado uma grande variedade de acessórios que facilitam a instalação, com encaixes padronizados para medidas dos acessórios dos tubos em polegadas, como ½, ¾, 1, 1 ¼, 1 ½, 2, entre outros valores.

16.1 TUBOS

O tubo de metal galvanizado (Figura 16.1) é indicado para instalações externas e obrigatórias em caso de tubulação para sistemas de bomba e alarme de incêndio.

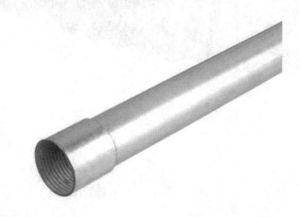

Figura 16.1
Eletroduto metálico.

Fonte: Acervo dos autores.

A tubulação de PVC (Figura 16.2) é muito usada em ambientes internos e em sistemas de câmeras, alarme, rede, telefonia e instalações elétricas.

FIGURA 16.2
Eletroduto de PVC.

Fonte: Acervo dos autores.

Os *seal tubes* (Figura 16.3) são eletrodutos flexíveis muito empregados em locais nos quais a tubulação precise contornar pilares ou locais que tenham curvas.

É semelhante ao conduíte corrugado, com a diferença que, internamente, existem um revestimento de metal e uma capa de borracha.

FIGURA 16.3
Seal tube.

Fonte: Acervo dos autores.

16.2 ACESSÓRIOS

Permitem que a tubulação tenha as terminações necessárias para acoplamento das tomadas e interruptores, sendo elas as caixas, abraçadeiras e adaptadores.

Na Figura 16.4, é possível notar a presença de vários elementos que compõem a tubulação pronta.

CONDULETE É A CAIXINHA DA TUBULAÇÃO EXTERNA. NELE, OS TUBOS SE ENCAIXAM E PASSAM A SER O PONTO DE CONEXÃO DOS CABOS E DA FIXAÇÃO DOS DISPOSITIVOS, COMO TOMADAS, INTERRUPTORES ETC.

UNIDUT CÔNICO É O ADAPTADOR QUE É PRESO NA PONTA DO TUBO E ROSQUEADO NO CONDULETE. ELE TEM A FINALIDADE DE FACILITAR A FIXAÇÃO DO TUBO, SERVINDO DE "ROSCA POSTIÇA", EVITANDO O TRABALHO DE FAZER ROSCA NAS EXTREMIDADES DOS TUBOS.

UNIDUT RETO É A EMENDA DOS TUBOS; PERMITE A JUNÇÃO DE DOIS TUBOS, DISPENSANDO O TRABALHO DE FAZER ROSCAS E O USO DE LUVAS.

ABRAÇADEIRA TIPO CUNHA É INDICADA PARA PRENDER OS TUBOS NA PAREDE, DE MODO QUE ELES NÃO ENCOSTEM TOTALMENTE NA SUPERFÍCIE.

LUVA É A PEÇA QUE TEM ROSCA INTERNA PARA FAZER A UNIÃO ENTRE DOIS TUBOS QUANDO O ELETRICISTA PREFERIR ROSQUEÁ-LOS.

ABRAÇADEIRA DE PVC VERSÁTIL AUXILIA NO PROCESSO DE FIXAÇÃO DOS TUBOS, NÃO SENDO NECESSÁRIO APARAFUSAR, MAS APENAS PROVOCAR PRESSÃO PARA QUE TRAVE SOBRE O TUBO.

ABRAÇADEIRA "U" UTILIZADA PARA PRENDER OS TUBOS, NÃO IMPORTANDO QUE FIQUEM RENTES À SUPERFÍCIE.

TUBULAÇÃO APARENTE

AS CURVAS JÁ VÊM PRONTAS PARA FACILITAR O TRABALHO DE DOBRAS NOS TUBOS. A FIXAÇÃO DELAS É FEITA COM UNIDUTS RETOS OU CÔNICOS.

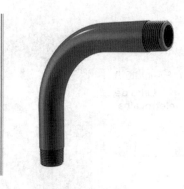

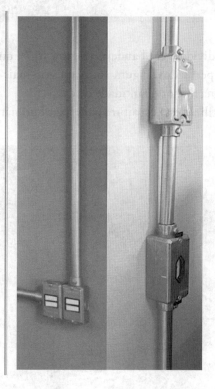

Figura 16.4
Montagem com eletroduto.

Fonte: Acervo dos autores.

16.3 ELETROCALHAS

As eletrocalhas são utilizadas em instalações de porte médio e grande, em locais onde os cabos devem estar acomodados em compartimentos com ventilação.

As eletrocalhas normalmente ficam abertas (Figura 16.5), facilitando o acesso aos cabos durante a instalação e manutenção.

Figura 16.5
Leito de eletrocalha.

Fonte: Acervo dos autores.

As eletrocalhas se dividem em bandejas (Figura 16.7), que podem acomodar vários cabos; e os perfilados (Figura 16.8), que são mais estreitos, projetados para acomodar uma menor quantidade de cabos.

Ainda é possível utilizar essa estrutura para fixar luminárias (Figura 16.6).

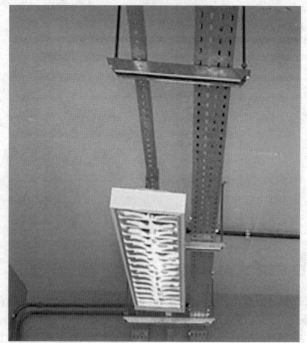

Figura 16.6
Perfilado e eletrocalha.

Fonte: Acervo dos autores.

TUBULAÇÃO APARENTE

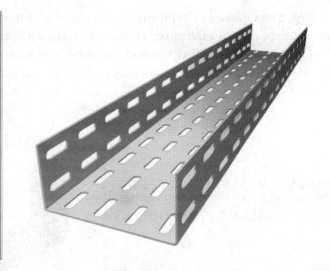

Figura 16.7
Eletrocalha do tipo bandeja.

Fonte: Acervo dos autores.

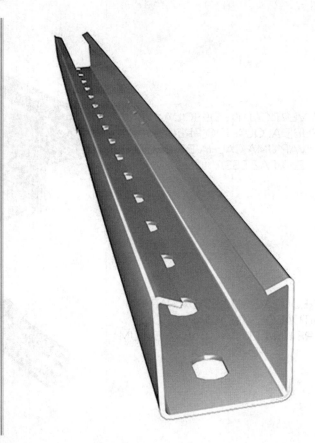

Figura 16.8
Perfilado.

Fonte: Acervo dos autores.

Alguns acessórios são indispensáveis no processo de montagem do leito de eletrocalhas, quanto à fixação de curvas, adaptação e junção entre as partes.

Os leitos de eletrocalhas, assim chamados, fazem parte das instalações de grande porte, como indústrias, supermercados, entre outros.

SUSPENSÃO VERTICAL: VOCÊ A PARAFUSA NO TETO E APOIA A ELETROCALHA DENTRO DELA.

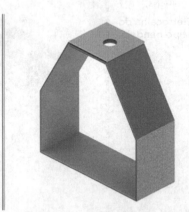

T VERTICAL DE DESCIDA OU SUBIDA: QUANDO PRECISAR DERIVAR UMA CALHA DE DECIDA, ELA FAZ ESSA JUNÇÃO.

REDUÇÃO: UTILIZADA PARA SITUAÇÕES DE ADAPTAÇÕES ENTRE UMA ELETROCALHA EM UM PERFILADO.

TUBULAÇÃO APARENTE

T RETO: DERIVAÇÃO LATERAL NO LEITO.

JUNÇÃO RETA: FAZ A EMENDA DA ELETROCALHA.

MÃO FRANCESA REFORÇADA: VOCÊ A PARAFUSA NA PAREDE E APOIA A ELETROCALHA SOBRE ELA.

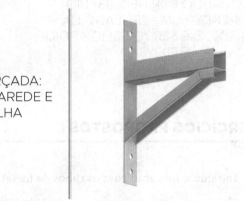

JUNÇÃO INTERNA PARA PERFILADO: FAZ A EMENDA DO PERFILADO.

INSTALAÇÃO RESIDENCIAL APLICADA À IoT

SAPATA INTERNA PARA PERFILADO: QUANDO FOR NECESSÁRIO PRENDER UM PERFILADO NO SOLO, ELA SERVE COMO APOIO E FIXAÇÃO.

ACOPLADOR PARA PERFILADO: QUANDO FOR NECESSÁRIO PRENDER UM PERFILADO NA PAREDE, ELE SERVE COMO APOIO E FIXAÇÃO.

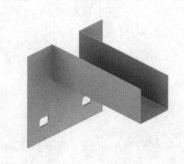

EXERCÍCIOS PROPOSTOS

1. Indique a aplicação para os tubos de metal.
2. Indique a aplicação para os tubos de PVC.
3. Qual a vantagem do uso das eletrocalhas em relação aos tubos?
4. Para a montagem de tubulações envolvendo tubos e os conduletes, qual abraçadeira é mais recomentada?

SOLDAGEM DE CABOS ELÉTRICOS 17

Em alguns casos, o eletricista precisa soldar as emendas, não bastando apenas utilizar os conectores ou as emendas comuns.

Muitos projetos elétricos são acompanhados por engenheiros eletricistas, e esses profissionais costumam exigir a soldagem.

17.1 FERRO DE SOLDA

Soldar as emendas dos cabos significa garantir o contato perfeito entre as partes condutoras para passagem de corrente elétrica.

Os ferros de solda (Figura 17.2) têm potência de aquecimento entre 30 e 120W e são usados para fundir (derreter) o estanho (Figura 17.1) para que este venha aderir ao material de cobre presente nos condutores.

A solda dos cabos tem que ser feita com os cabos desenergizados e com a área de soldagem limpa. Primeiramente, são feitas as emendas e, sobre as emendas, ocorre o processo de soldagem.

A forma correta de fazer a solda é aquecer primeiramente o material, ou seja, posicionar o ferro de solda em cima da emenda de cobre e aguardar o aquecimento nessa região encostando o estanho no próprio material (Figura 17.3).

Quando o material estiver num ponto de aquecimento suficiente para derreter o estanho, com certeza a solda vai apresentar excelente qualidade de fusão e conexão.

Nunca derreta o estanho na ponta do ferro de solda, mas aguarde o material aquecer, estando apto para derreter a solda e receber o estanho, que acaba penetrando sobre os cordões de cobre dos cabos.

Quando se tratar de cabos finos, você poderá empregar os ferros de solda, já nos cabos de bitolas mais grossas recomenda-se a machadinha de solda.

Figura 17.1
Estanho.

Fonte: Acervo dos autores.

Figura 17.2
Ferro de solda.

Fonte: Acervo dos autores.

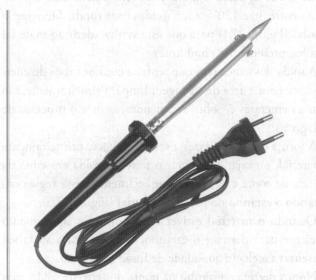

SOLDAGEM DE CABOS ELÉTRICOS

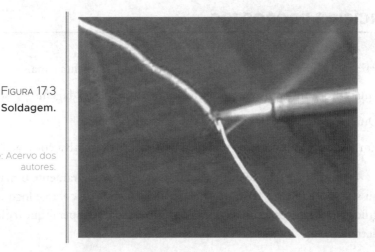

Figura 17.3
Soldagem.

Fonte: Acervo dos autores.

17.2 MACHADINHA

Em cabos de espessura maior, o ferro de solda não produz calor suficiente para aquecer a superfície do material e fundir o estanho, portanto a ferramenta que atende esse fim é a machadinha (Figura 17.4), que tem uma área maior de contato com a parte a ser soldada. Os valores de potência da machadinha estão na ordem de 250W.

O processo de soldagem com esse instrumento é o mesmo do ferro de solda.

Figura 17.4
Machadinha.

Fonte: Acervo dos autores.

EXERCÍCIOS PROPOSTOS

1   Para soldar emendas de cabos de 2,5mm², qual ferramenta é mais eficiente?

2   Quais procedimentos devem ser realizados antes da soldagem?

3   Qual é a finalidade da solda nas emendas dos cabos?

4   Em relação ao processo de soldagem, assinale a alternativa correta:

(   ) A forma correta de fazer a solda é aquecer primeiramente o material, ou seja, posicionar o ferro de solda sobre a emenda de cobre e logo em seguida encostar o estanho na ponta do ferro de solda e esperar que o estanho derreta.

(   ) A forma correta de fazer a solda é aquecer o material e o estanho ao mesmo tempo, o posicionando sobre a emenda de cobre e esperar que o estanho derreta.

(   ) A forma correta de fazer a solda é aquecer primeiramente o material, ou seja, posicionar o ferro de solda em cima da emenda de cobre e aguardar o aquecimento nessa região, encostando o estanho no próprio material e esperando que ele derreta.

(   ) A forma correta de fazer a solda é derreter o estanho e aplicá-lo sobre a emenda de cobre e logo em seguida aguardar que o material endureça.

MOTORES ELÉTRICOS 18

O eletricista predial estará envolvido com instalações de vários dispositivos, incluindo os motores.
Podemos citar algumas aplicações comuns dos motores: em piscinas, banheiras, bombas de poços artesianos e nas bombas de incêndio dos hidrantes.

Existe uma variedade muito grande de motores e suas aplicações são diversificadas, se estendendo desde as instalações prediais até as industriais.

18.1 MOTOR MONOFÁSICO

É aquele que pode ser ligado em 127 ou 220V.

A potência nominal de um motor monofásico chega a 15CV (cavalo-vapor), mas, acima de 5CV, o uso se torna economicamente inviável devido ao elevado custo, motivado pela sua construção interna mais criteriosa quanto ao sistema de partida pela bobina auxiliar e o emprego do interruptor centrífugo.

Motores monofásicos (Figura 18.1) dependem do uso de capacitor para funcionarem.

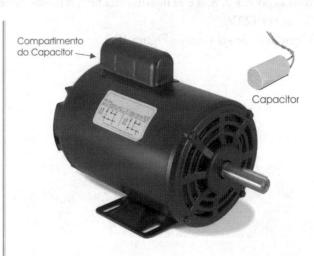

FIGURA 18.1
Motor monofásico.

Fonte: Acervo dos autores.

Um termo comum utilizado para denominar a potência dos motores é o cavalo-vapor, abreviado por CV, que tem um valor igual a 736 watts. Portanto, se no motor estiver marcado CV = 3, significa que a potência dele equivale a 2.208W, pois:

- 3 X 736 = 2.208 watts

Figura 18.2
Plaqueta do motor.

Fonte: Acervo dos autores.

18.1.1 Fechamento das pontas do motor

Você tem a opção de escolher a tensão que vai usar através do fechamento das pontas, ou melhor, dos cabos de ligação do motor.

De acordo com a plaqueta de identificação mostrada na Figura 18.2, é possível notar que, se unirmos as pontas 3, 1, 5 e as ligarmos no neutro e depois unirmos as pontas 2, 8, 4 e as ligarmos na fase, o motor estará preparado para funcionar em 127V.

A ligação pode ser vista na Figura 18.3.

MOTORES ELÉTRICOS

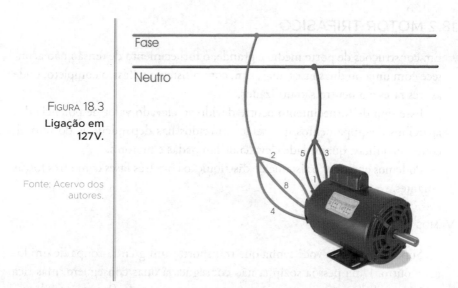

FIGURA 18.3
Ligação em 127V.

Fonte: Acervo dos autores.

Na ligação em 220V, não é diferente, basta obedecer a posição indicada na plaqueta.

Ainda é possível inverter a rotação do motor. Invertendo ou trocando as pontas 5 e 8, o motor girará ao contrário.

Esses motores são empregados em serras circulares, esmeril, motor de bomba de piscina, entre outros.

A ligação pode ser vista na Figura 18.4.

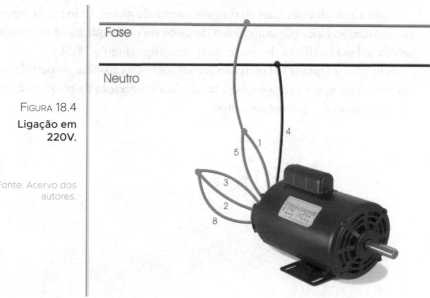

FIGURA 18.4
Ligação em 220V.

Fonte: Acervo dos autores.

18.2 MOTOR TRIFÁSICO

Em construções de porte médio e grande, o fornecimento de tensão não acontece com uma ou duas fases, mas, sim, com o sistema trifásico completo, onde as três fases e o neutro são utilizados.

Esse tipo de fornecimento ocorre devido ao elevado valor de potência dos aparelhos e equipamentos que serão utilizados nas dependências do imóvel, como máquinas, quantidade elevada de lâmpadas e motores.

Podemos entender o sistema de distribuição com três fases como três forças atuantes.

VAMOS PENSAR:

Suponhamos que você tenha que transportar um guarda-roupa de um local a outro. Uma pessoa sozinha não consegue; já duas conseguem, mas fica muito pesado; porém, se chegar uma terceira pessoa, tudo fica mais fácil.

As três pessoas transportando o móvel ficarão menos cansadas, pois o trabalho será menor quando dividido por três; com isso, gastarão menor quantidade de energia.

O mesmo acontece com dispositivos elétricos: quando se tem três fases ou três forças atuando, é possível desenvolver o "trabalho" de forma mais eficiente e com menos esforço.

A potência desenvolvida pelo motor é um exemplo de trabalho, porém, elétrico.

Com a ação das três fases no funcionamento do motor, tudo muda, ou seja, sua construção física fica mais barata, levando em conta que não é necessário o uso da bobina auxiliar e do interruptor centrífugo (Figura 18.5).

A ligação do motor trifásico não requer o uso do capacitor de partida, mas apenas a ligação dos cabos na rede, seguindo a numeração da plaqueta quanto ao fechamento das pontas do motor.

MOTORES ELÉTRICOS

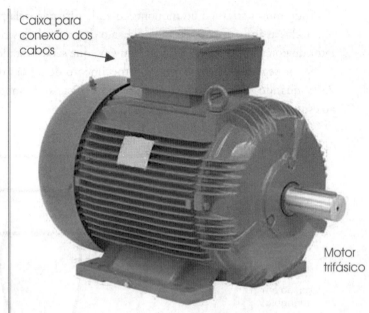

FIGURA 18.5
Motor trifásico.

Fonte: Acervo dos autores.

18.2.1 FECHAMENTO DAS PONTAS DO MOTOR

Você poderá ligar o motor em duas tensões, o que estará descrito na plaqueta como maior ou menor tensão (Figura 18.6).

Se na sua região o fornecimento for trifásico em 220V, faça a ligação em triângulo Δ (tensão menor).

Se na sua região o fornecimento for trifásico em 380V, faça a ligação em estrela, **Y** (tensão maior).

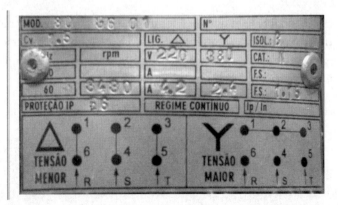

FIGURA 18.6
Plaqueta de identificação.

Fonte: Acervo dos autores.

117

Todo motor trifásico ou monofásico é identificado pela plaqueta que contém todas as informações do motor. Estão descritos dados como rendimento, fator de potência, tensão e potência em CV, que serão tratados mais adiante.

Se, na região onde você está, o fornecimento de tensão oferece o valor de 220V quando se medem duas fases, então, a ligação do motor deve obedecer ao esquema mostrado na Figura 18.7.

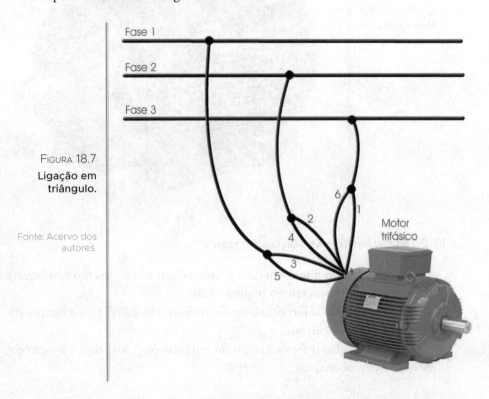

FIGURA 18.7
Ligação em triângulo.

Fonte: Acervo dos autores.

Se, no local em que você for instalar o motor, a tensão medida com o multímetro entre duas fases for de 380V, siga o esquema mostrado na Figura 18.8.

Lembre-se de que as pontas 4, 5 e 6 precisam ser simplesmente unidas e isoladas, não necessitando que sejam ligadas na rede.

MOTORES ELÉTRICOS

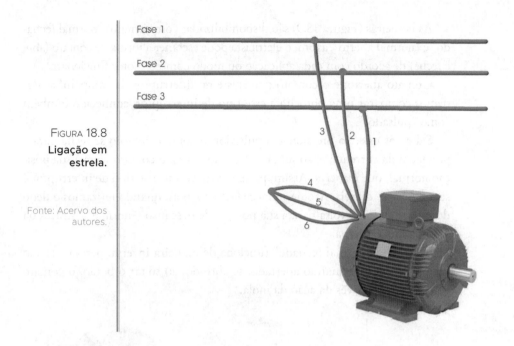

FIGURA 18.8
Ligação em estrela.

Fonte: Acervo dos autores.

18.3 DISPOSITIVOS DE COMANDOS ELÉTRICOS

As ligações exemplificadas na ligação dos motores trifásicos e monofásicos anteriormente mostram apenas como fazer o fechamento das pontas.

Sabemos que o motor não fica ligado na rede diretamente, mas é preciso utilizar chaves, disjuntores e contatores, que servem para ligá-lo e desligá-lo.

Para que você entenda melhor, vamos comparar:

Na ligação da lâmpada, é o interruptor que a liga e desliga; no motor, também precisamos de um interruptor, mas não dos mesmos usados nas lâmpadas. São dispositivos apropriados para comutar de forma segura, tendo em vista que o valor de corrente elétrica nos motores é alta.

Agora, você conhecerá os dispositivos que são empregados no circuito de comandos elétricos com a finalidade de permitir o acionamento dos motores.

18.3.1 BOTOEIRAS

As botoeiras são as responsáveis pelo acionamento dos motores, entretanto, não são elas que fazem diretamente a comutação dos motores, mas são utilizadas para acionar alguns dispositivos que, através do fechamento de seus contatos, permitirão a passagem da corrente elétrica e a alimentação dos motores monofásicos ou trifásicos.

As botoeiras (Figura 18.9) são disponibilizadas com contatos "normal fechado" e "normal aberto", assim, o eletricista pode escolher a forma de contato (abre e fecha) de acordo com cada aplicação ou modo como o motor funcionará.

Contato aberto: é o contato que existe no interruptor da campainha. Podemos comparar uma botoeira a esse tipo de interruptor, conhecido também como "pulsador".

Sabemos que, ao pressionar o pulsador, o contato interno se fecha para a passagem da corrente; e, ao soltar o dedo do botão, o contato volta à sua posição normal, que é aberta. Assim, podemos dizer que esse tipo de interruptor é sem retenção, ou seja, não permanece fechado, mas, quando retiramos o dedo do interruptor, ele volta para a sua posição de descanso ("normal") através da ação da mola interna.

O contato "normal fechado" funciona de maneira inversa, permanecendo sempre fechado e, quando apertado, se abrindo; ao soltar o botão, o contato volta a fechar através da ação da mola.

Figura 18.9
Botoeiras.

Fonte: Acervo dos autores.

18.3.2 Botão de emergência

O botão de emergência (Figura 18.10) é considerado um interruptor com retenção, diferindo quanto ao modo de funcionamento da botoeira pelo fato de o contato não voltar pela ação da mola quando deixamos de apertá-lo.

O funcionamento desse interruptor é diferenciado dos demais, uma vez que tem como função permitir segurança, garantindo um desligamento rápido em caso de emergência. Também é conhecido como "botão de emergência".

Para ligar o sistema, você tem que puxar o botão para frente e, para desligar, empurrar a chave para o lado oposto. Com isso, o desligamento é mais fácil, bastando apenas pressionar o botão.

Ao ser desligado, ele permanece nessa condição e só volta a ligar caso ocorra a ação para ligá-lo novamente.

Figura 18.10
Botão de emergência.

Fonte: Acervo dos autores.

18.3.3 Comutadores

"Comutar" significa fechar os contatos para que a corrente elétrica venha a chegar até o equipamento que se deseja energizar e fazer funcionar.

Um exemplo de comutador é o próprio disjuntor. Quando você liga a alavanca de liga e desliga, você está comutando o circuito! Outro exemplo é o interruptor simples que, ao ser apertado, faz com que a lâmpada se acenda: em outras palavras, quando o interruptor foi fechado e houve passagem de corrente elétrica, o circuito da lâmpada foi comutado.

A diferença entre os dispositivos de comutação está diretamente ligada à capacidade de corrente elétrica que eles podem suportar e à quantidade de contatos.

Um dispositivo largamente utilizado no comando de motores é o contator (Figura 18.11).

O contator tem internamente três contatos com alto poder de condução de corrente elétrica. Enquanto um interruptor simples tem o seu contato feito de lâmina de metal fina para suportar no máximo 10 ampères, o contator tem três contatos de metal capazes de conduzir até 200 ampères.

Para que ocorra o fechamento desses contatos, um elemento interno do contator, conhecido como bobina, precisa ser energizado para a formação de campo magnético, sendo este capaz de atrair os contatos, provocando o efeito esperado.

Figura 18.11
Contator.

Fonte: Acervo dos autores.

Para que você entenda: o disjuntor para ser ligado requer a ação de mudar a alavanca manualmente; já com o contator você precisa energizar a bobina para que os contatos venham a se fechar.

Ou seja, se aplica uma tensão na bobina para ativar o contator, que, depois de ativado, permite a comutação do motor.

No entanto, precisamos entender que, para ativar o contator através da bobina, é preciso um circuito; e, para o funcionamento do motor, outro circuito.

Dentro do contator existem dois sistemas que trabalham separadamente, porém, os contatos dependem da ação da bobina para abrir e fechar.

Na ligação do circuito da bobina, você utilizará cabos mais finos, pois a corrente elétrica que circulará será pequena.

Na ligação do motor, utilizando os contatos principais, você vai utilizar cabos mais grossos, uma vez que a corrente, nesse caso, será bem maior.

Concluindo:
VOCÊ LIGA A BOBINA E A BOBINA LIGA O MOTOR!

Na Figura 18.12, podemos visualizar os bornes que compõem o contator e a aplicação de cada um deles.

- A1 e A2: terminais que recebem tensão para energizar a bobina e permitir que os contatos fechem.
- L1, L2 e L3: bornes nos quais são conectados os cabos das três fases.

MOTORES ELÉTRICOS

- T1, T2 e T3: bornes nos quais são conectados os cabos que serão ligados no motor.
- 13 e 14: contatos auxiliares (você aprenderá a respeito nas próximas páginas).

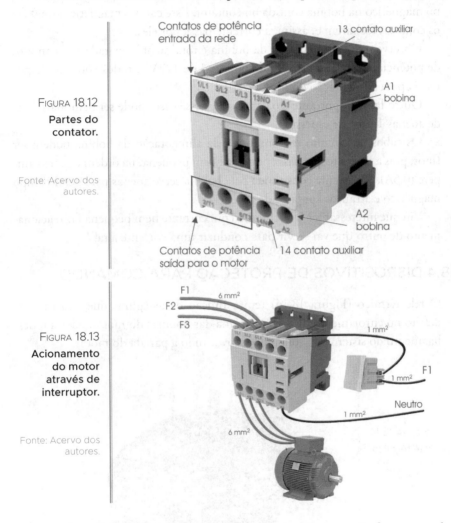

FIGURA 18.12
Partes do contator.

Fonte: Acervo dos autores.

FIGURA 18.13
Acionamento do motor através de interruptor.

Fonte: Acervo dos autores.

Na Figura 18.13, o motor está sendo alimentado com três fases, e o cabo é de 6mm² devido ao alto valor da corrente elétrica. Essa corrente dependerá da potência do motor. Os contatos do contator são tripolares, e cada um deles comuta uma fase.

- Fase 3 = L1 + T1
- Fase 2 = L2 + T2
- Fase 1 = L3 + T3

No caso da bobina, ela está ligada em uma fase e o neutro, sendo alimentada com 127V.

Quando o interruptor é ligado, a bobina recebe tensão, que forma um campo magnético na bobina contida no contator. Esse campo magnético (ímã) faz os contatos fecharem e, assim, a corrente passa por eles.

Observe que a alimentação da bobina é totalmente separada dos contatos de potência, ou seja, o circuito da bobina é de 127V, e o dos contatos de potência para alimentação do motor é trifásico.

Outro fator importante é o cabo, que, nesse caso, pode ser bem mais fino, de apenas 1mm² de espessura.

Os cabos do circuito responsáveis pela alimentação da bobina podem ser finos, pois a corrente que passa por eles é bem pequena, na ordem de meio ampère (0,5A). A corrente consumida pela bobina serve apenas para gerar campo magnético e atrair os contatos de potência.

Viu que interessante? Um circuito com corrente bem pequena faz o acionamento de outro que vai servir para conduzir uma corrente alta!

18.4 DISPOSITIVOS DE PROTEÇÃO PARA COMANDO

O relé térmico (Figura 18.14) tem a função de assegurar que, em caso de defeito no enrolamento de qualquer uma das bobinas do motor, ocorra o desligamento do sistema de comando, provocando a parada do motor.

Figura 18.14
Relé térmico.

Fonte: Acervo dos autores.

Na Figura 18.15, é possível verificar que o valor se encaixa na faixa entre 1,6 e 2,5A.

Ainda existe o botão de rearme, para o caso de desligamento por aquecimento.

Figura 18.15
Ajuste da corrente.

Fonte: Acervo dos autores.

O disjuntor motor tem função parecida com a do relé térmico, com a vantagem de que pode, além de proteger o motor contra aquecimento e elevação da corrente em uma das bobinas, comutar manualmente o circuito através dos botões start e stop.

Você pode ajustar o valor de corrente no trimpot (ajustador na frente do componente, conforme a Figura 18.16) de acordo com a corrente que o motor consumirá da rede.

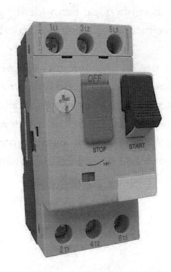

Figura 18.16
Disjuntor motor.

Fonte: Acervo dos autores.

O relé falta de fase também é apropriado para proteger os circuitos, mas sua função está voltada a impedir que o motor funcione na falta de alguma fase.

Os motores, em hipótese alguma, podem funcionar com uma fase a menos. Caso isso ocorra, o motor pode chegar a queimar.

Portanto, se em uma possível falta de energia elétrica, restarem apenas duas fases funcionado, o motor, com certeza, sofrerá danos.

O relé falta de fase (Figura 18.17) tem a capacidade de detectar uma fase ausente e, em seguida, de modo automático, desligar o circuito de comando sem a necessidade da ação do operador.

Figura 18.17
Relé falta de fase.

Fonte: Acervo dos autores.

O disjuntor termomagnético (Figura 18.18) protege os cabos de ligação do motor contra curto-circuito e sobrecarga e ainda permite a comutação manual.

O disjuntor não assegura que o motor desligue caso ocorra excesso de corrente elétrica e aquecimento, pois essa função cabe ao disjuntor motor ou ao relé térmico.

É fundamental o uso do disjuntor em situações em que o eletricista precise realizar manutenções, quando é preciso desligar a energia elétrica.

O disjuntor protege o cabo e tem que estar devidamente dimensionado para essa finalidade. O disjuntor do cabo de 6mm² deve ser de 32A, por exemplo.

O disjuntor tripolar é apropriado para a proteção de três fases; quando se tratar de motores monofásicos, você vai utilizar apenas duas fases, então, nesse caso, o disjuntor será o bipolar.

MOTORES ELÉTRICOS

Figura 18.18
Disjuntor termomagnético.

Fonte: Acervo dos autores.

18.5 DIAGRAMAS DE COMANDO

O esquema de ligação dos dispositivos de comandos elétricos é mapeado através de diagramas padronizados, como é o caso da Figura 18.19. Esses diagramas indicam de modo organizado a posição dos componentes e a lógica de contatos.

Os iniciantes da área acabam tendo dificuldade para entender esses diagramas, entretanto, com o tempo, essa linguagem vai se tornando familiar e fácil de interpretar.

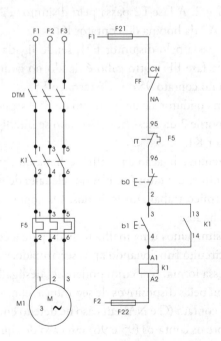

Figura 18.19
Diagrama de comando.

Fonte: Acervo dos autores.

127

18.5.1 Detalhamento e funcionamento do diagrama de comando

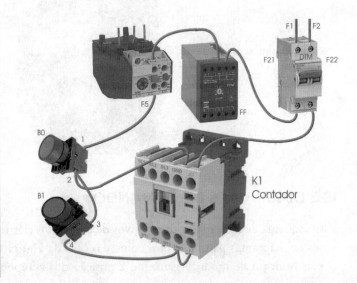

Figura 18.20
Ligação dos componentes de comando.

Fonte: Acervo dos autores.

Vamos entender como os componentes interagem no circuito da Figura 18.20.

F21 e F22 são o disjuntor bipolar que protege os condutores ligados nas fases 1 e 2. A fase F2 passa pelo disjuntor F22, sendo ligada diretamente no borne A2 da bobina do contator K1.

F1 passa pelo disjuntor F21, sendo ligada no contato C (comum) do relé falta de fase FF; outro cabo é ligado no contato NA (normal aberto), sendo ligado no contato 95 do relé térmico F5.

Um condutor sai do borne 96 de F5 e segue para o borne 1 da botoeira B0; e, do borne 2 da mesma, outro cabo se interliga com o contato auxiliar 13 do contator K1.

Fizemos a ligação da malha fechada do comando.

Tanto os contatos C e NA do relé falta de fase como os contatos 95 e 96 do relé térmico trabalham fechados. Os contatos 1 e 2 da botoeira B0 também são fechados.

Assim, temos uma malha fechada para a corrente elétrica que deverá manter o circuito funcionando após ser armado.

Dessa forma, o circuito poderá ser desligado pela botoeira quando pressionada ou pelos dispositivos de segurança, como é o caso do relé falta de fase que abre o contato (C e NA) em caso de defeito em alguma fase ou do relé térmico, que abre os contatos (95 e 96) em caso de aquecimento.

Agora vamos entender como funciona o sistema de arme do contator, chamado também de "contato de selo".

Observe que, na figura, um fio interliga o borne 2 da botoeira B0 com o borne 3 da botoeira B1.

Do borne 4 de B1, outro condutor vai até o 14 do contator e, no A1, da bobina do contator.

A botoeira B1 é responsável por armar (selar) o contator.

Vamos entender melhor!

Quando você pressionar B1, a corrente percorrerá até o borne A1, energizando a bobina, que fecha todos os contatos do contator, inclusive os contatos 13 e 14.

Com o 13 e o 14 fechados, a corrente passa a ter o caminho alternativo através da "malha fechada" e o contato que acabou de fechar.

Nesse momento, a bobina se mantém energizada através da malha fechada e dos contatos 13 e 14 fechados, mesmo que você deixe de pressionar B1.

Quando quiser desligar, basta apertar B0 que a malha é interrompida, deixando de energizar a bobina e desfazendo o selo do contator.

18.5.2 Detalhamento do diagrama da potência.

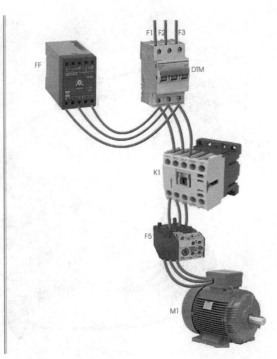

Figura 18.21
Componentes do sistema de potência.

Fonte: Acervo dos autores.

O circuito de potência é o caminho por onde a corrente de valor mais alto deverá passar para alimentar o motor trifásico.

Observe na Figura 18.21 que, com o disjuntor DTM ligado, a entrada do contator K1 fica alimentada.

Quando o circuito de comando é ativado através de B1, os contatos de K1 se fecham e a corrente chega até o motor.

O relé térmico F5 também é percorrido pela corrente e tem a capacidade de monitorar esse valor e, se houver desequilíbrio, ele atua.

Para que você entenda, a corrente elétrica circula igualmente através dos três contatos do contator e do relé térmico. Assim, se em um dos canais ou contatos for detectado um acréscimo do valor de corrente, significa que alguma das bobinas internas do motor está com defeito e precisa ser reparada.

Caso o motor continue funcionando, ele provavelmente queimará. Então, o relé térmico detecta essa irregularidade e abre o contato 95 e 96, que desfaz a malha fechada, desligando o contator e, consequentemente, o motor.

O relé falta de fase faz a proteção das bobinas do motor também no sentido de fazer não funcionar faltando alguma fase. Caso ocorra essa falta, ele abre os contatos C e NA e desfaz a malha fechada também.

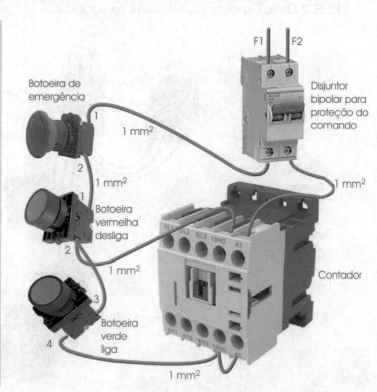

FIGURA 18.22
Ligação do comando.

Fonte: Acervo dos autores.

Na Figura 18.22, temos um exemplo que inclui a botoeira de emergência de um sistema de comando de máquinas, por exemplo, onde é preciso um botão para desligar de modo fácil e rápido em caso de risco.

Ao usar o contato fechado da botoeira, deve-se observar a identificação do borne como 1 e 2.

Quando for o contato aberto, 3 e 4.

Você deve ter observado que o diagrama de comando é separado sempre do diagrama da potência, pois a bitola dos condutores é diferente.

No caso do comando, o cabo pode ser de 1mm², conforme especificado na Figura 18.22.

18.6 SISTEMAS ESPECÍFICOS DE COMANDOS

Os sistemas de incêndio utilizam bombas motorizadas (Figura 18.23) para pressurizar a água dentro das tubulações vermelhas destinadas ao fornecimento hídrico para combates de incêndio.

Essas bombas não são nada mais que motores trifásicos que precisam de um comando para que funcionem quando alguém apertar as botoeiras existentes em cima das caixas de hidrantes.

Figura 18.23
Bomba de incêndio.

Fonte: Acervo dos autores.

Nesse diagrama (Figura 18.24), todos os componentes estão juntos, incluindo o circuito de potência e o de comando. Não foram colocados o relé térmico e o relé falta de fase, mas, para inseri-los, basta seguir os diagramas anteriores.

INSTALAÇÃO RESIDENCIAL APLICADA À IoT

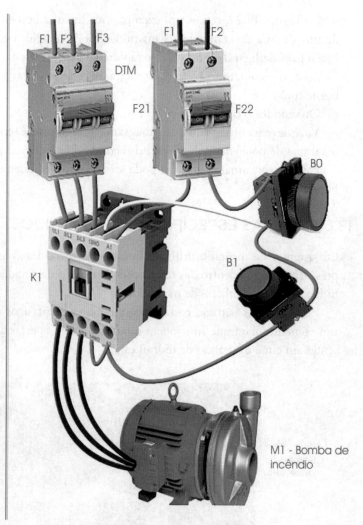

Figura 18.24
Ligação da bomba de incêndio.

Fonte: Acervo dos autores.

18.7 SISTEMAS DE ILUMINAÇÃO POR COMANDOS

Em algumas situações, o contator pode ser empregado em sistemas de iluminação. Isso ocorre quando a carga a ser acionada ultrapassa o valor suportado pelo dispositivo de acionamento.

MOTORES ELÉTRICOS

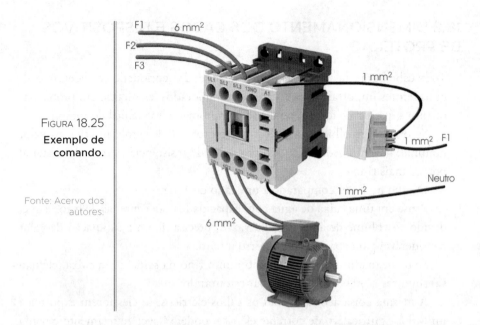

Figura 18.25
Exemplo de comando.

Fonte: Acervo dos autores.

O exemplo da Figura 18.25 representa claramente essa aplicação, em que o interruptor simples não pode acionar o motor trifásico diretamente, mas, sim, alimentar a bobina do contator e este, por sua vez, o motor.

O mesmo ocorre com o relé fotoelétrico da Figura 18.26, que não é suficiente para acionar as três lâmpadas a vapor diretamente devido ao alto valor de corrente elétrica.

Porém, ele pode acionar a bobina do contator e, este, os reatores e as lâmpadas.

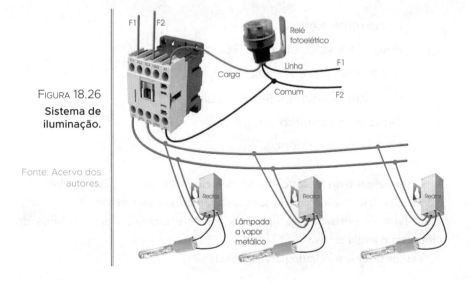

Figura 18.26
Sistema de iluminação.

Fonte: Acervo dos autores.

133

18.8 DIMENSIONAMENTO DOS CABOS E DISPOSITIVOS DE PROTEÇÃO

Todo cabo para a ligação dos motores deve ser dimensionado considerando alguns fatores importantes que, caso sejam ignorados, resultarão em problemas quanto a quedas de tensão, podendo comprometer a vida útil do motor.

Se o cabo escolhido na ligação do motor for de bitola inferior ao valor nominal, haverá queda de tensão por parte da resistência elétrica do material por ser mais fino.

O cabo pode ser comparado a um cano de água.

Pense em uma caixa de água com capacidade para centenas de litros e que, devido ao volume de água e a alta vazão, precisa de uma tubulação de valor considerável para abastecer um bairro inteiro.

Se o encanador utilizar um cano muito fino na saída dessa caixa, ele não vai suportar a pressão e pode acabar estourando.

A mesma coisa acontece com os cabos elétricos: se eles forem expostos a um valor significativo de corrente elétrica, poderá haver aquecimento e perda da eficiência do motor.

Portanto, existe uma fórmula que deve ser considerada uma verdadeira ferramenta no cotidiano do eletricista.

Caso o motor seja ligado na rede trifásica:

$$I = \frac{POT\hat{E}NCIA}{V \cdot \sqrt{3} \cdot rend \cdot FP}$$

I = corrente elétrica

Potência = valor em CV (736 watts)

V = tensão da rede

$\sqrt{3}$ = raiz quadrada de três, igual a 1,73

Rend. = rendimento do motor

FP = fator de potência

O rendimento do motor é informado pelo fabricante na plaqueta do motor e define a eficiência inerente às suas características construtivas.

O fator de potência está ligado às perdas ocasionadas pelas bobinas do motor e a energia reativa.

Vamos fazer um cálculo para exercitar:

MOTORES ELÉTRICOS

O eletricista precisou ligar um motor de 7,5CV em uma rede trifásica com tensão igual a 220V.

Qual cabo e disjuntor ele deverá usar?

Na plaqueta do motor, estavam as seguintes descrições:

Rendimento = 80% (0,8)

Fator de potência = 0,75

$$I = \frac{7,5 \times 736}{200 \cdot 1,73 \cdot 0,8 \cdot 0,75}$$

$$I = \frac{5520}{228,36}$$

$$I = 24,17 \, Ampéres$$

Portanto, o cabo utilizado deve ser de 4mm²; e o disjuntor, de 25A. O rele térmico deve ser ajustado nessa faixa de valor; e o contator com valor nominal mínimo de 25A.

Em caso de motores monofásicos, a única mudança é a exclusão da $\sqrt{3}$ (raiz de três), que é empregada somente quando a rede for trifásica (três fios da rede).

Motores monofásicos são alimentados por dois cabos apenas, podendo ser uma fase e um neutro ou duas fases.

$$I = \frac{POTÊNCIA}{V \cdot rend \cdot FP}$$

Você pode aplicar essa fórmula seguindo os mesmos requisitos estudados no motor trifásico.

EXERCÍCIOS PROPOSTOS

1 Para qual finalidade utiliza-se o fechamento das pontas dos motores?

2 Em que situações empregamos os motores monofásicos e trifásicos?

3 Qual a finalidade do contator?

4 Onde se emprega a botoeira com contato fechado e com contato aberto?

5 Qual a finalidade do relé térmico?

6 Qual a finalidade do relé falta de fase?

7 Qual a finalidade do disjuntor motor?

8 O eletricista precisou ligar um motor de 3,5CV em uma rede trifásica com tensão igual a 220V.

Qual cabo e disjuntor ele deverá usar?

Na plaqueta do motor, estavam as seguintes descrições:

Rendimento = 85% (0,85)

Fator de potência = 70% (0,70)

TELEFONIA E SISTEMAS DE SINAIS 19

Quando falamos em telefonia, estamos nos referindo a todo sistema de comunicação através dos recursos de áudio, podendo exemplificar como tais os interfones, telefones e PABX.

Nas ligações desse tipo, necessitamos de apenas dois cabos para transmissão da voz e do sinal.

Já existem no mercado conectores padronizados para garantir a conexão precisa, sem necessidade de emendas que possam trazer problemas futuros, como ruídos e falha no funcionamento.

19.1 CONECTORES E FERRAMENTAS

Nas tomadas de telefone (Figura 19.1), encontramos terminais com conexão por parafusos e encaixes do tipo RJ11 destinadas à conexão dos cabos do aparelho de telefone.

FIGURA 19.1
Tomada de telefone.

Fonte: Acervo dos autores.

A ligação da tomada na rede de telefone pode ser vista na Figura 19.2.

Essa rede é instalada pela operadora no poste padrão da casa, para que depois o eletricista faça uma derivação do cabo que tem dois fios internamente a fim de ligá-la na tomada no interior do imóvel. A ideia é conectar um aparelho de telefone com sinal de linha disponível para efetuar as ligações.

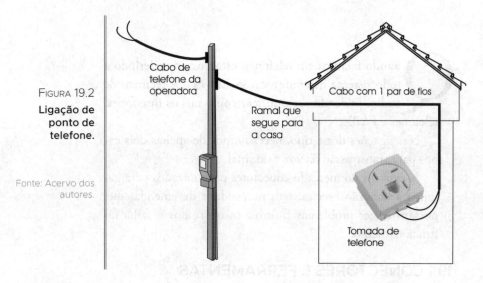

FIGURA 19.2
Ligação de ponto de telefone.

Fonte: Acervo dos autores.

Na tomada, existe a opção de conexão através dos pinos ou do encaixe do conector RJ11 (Figura 19.3). Os novos aparelhos de telefones já são vendidos com esse tipo de conector, portanto basta conectar na tomada e tudo já está resolvido.

Quando o eletricista for conectar a tomada, deverá inserir os fios da rede de telefone nos bornes, que geralmente são identificados por um esquema que acompanha a embalagem dela.

Normalmente, são os fios internos verde e vermelho da tomada que fazem conexão com o RJ11.

TELEFONIA E SISTEMAS DE SINAIS

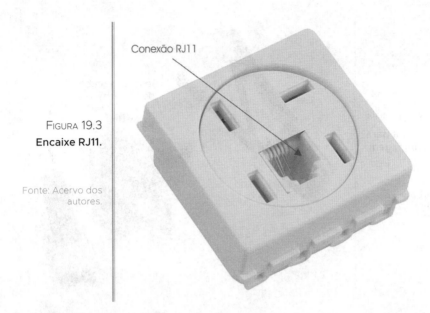

Figura 19.3
Encaixe RJ11.

Fonte: Acervo dos autores.

Todo o sistema de telefonia não pode estar acomodado em tubulações com cabos da rede elétrica.

Nas instalações elétricas, as tubulações com circuitos de energia elétrica, os também denominados "condutores carregados", devem estar separados dos demais circuitos.

Para que você entenda melhor, condutores carregados são os cabos de tensão alternada das tomadas e lâmpadas, ou seja, a instalação elétrica em si.

Os cabos de antena, internet, câmeras, alarme, interfone, telefone e som são considerados circuitos de lógica e, em hipótese alguma, podem estar próximos e muito menos juntos com condutores de energia elétrica. Devido a interferências geradas pela indução originada pela corrente alternada, o campo elétrico pode provocar deformação do sinal de telefonia.

Recomenda-se que os circuitos de lógica fiquem com aproximadamente sessenta centímetros de distância dos condutores carregados.

Caso seja preciso montar um cabo com o conector RJ11, é preciso obedecer as técnicas de crimpagem de terminais.

Para essa prática, é necessário utilizar ferramentas especiais, como o testador universal de cabos de lógica e o alicate de crimpar.

Na Figura 19.4, temos o alicate de crimpar e o testador, muito importantes no dia a dia do eletricista.

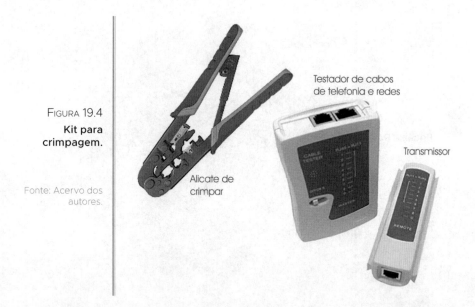

FIGURA 19.4
Kit para crimpagem.

Fonte: Acervo dos autores.

O alicate de crimpar é a ferramenta que faz a prensagem do conector RJ11 do tipo macho (Figura 19.5).

O conector RJ11 é um invólucro de acrílico com lâminas cobreadas internas e que, ao serem prensadas, acabam penetrando na capa dos cabos, fazendo contato direto com a parte cobreada e, ao mesmo tempo, fixando o próprio cabo para que não escape de dentro do invólucro.

FIGURA 19.5
Conector RJ11 tipo macho.

Fonte: Acervo dos autores.

Após crimpar as duas extremidades do cabo, é preciso testá-lo. Para isso basta conectar uma ponta no receptor e a outra no transmissor do testador, conforme a Figura 19.4.

O receptor faz a detecção de alguma irregularidade na crimpagem, como uma possível inversão da sequência dos cabos ou se alguma ponta apresenta mau contato.

A identificação é feita pelos LEDs, que devem acender na mesma sequência no transmissor e receptor.

Nas ligações das tomadas de telefone, são utilizados somente os dois terminais do centro, deixando os dois das extremidades sem uso, conforme a Figura 19.6.

Dentro do aparelho de telefone, são esses dois terminais que transmitem o sinal telefônico.

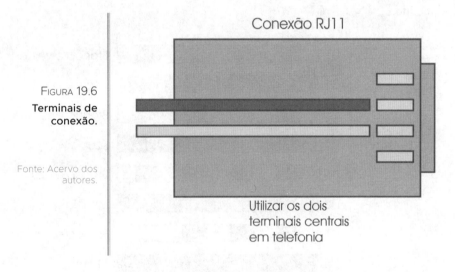

Figura 19.6
Terminais de conexão.

Fonte: Acervo dos autores.

Outro tipo de conector muito empregado em comunicação é o RJ45. Este serve para redes de internet.

Esse tipo de terminal emprega oito terminais, ou lâminas, já que o cabo de rede tem essa quantidade de fios internamente identificados por cores.

O RJ45 também requer a crimpagem, seguindo o mesmo processo aplicado na técnica do RJ11, incluindo o alicate e o testador universal.

O alicate crimpador é construído para crimpar os dois tipos de conexão, conforme a Figura 19.7.

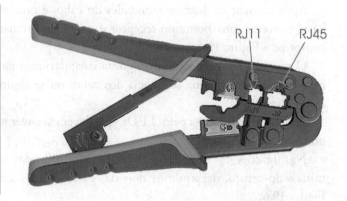

Figura 19.7
Alicate de crimpar.

Fonte: Acervo dos autores.

Você deve atentar para a sequência (Figura 19.8) correta durante a crimpagem do conector RJ45, pois, caso contrário, o sinal de internet fica comprometido.

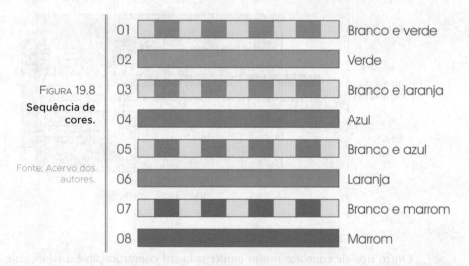

Figura 19.8
Sequência de cores.

Fonte: Acervo dos autores.

Esse padrão de sequência de cores é conhecido como padrão do tipo A.

Caso exista um profissional do setor de informática no local onde você está fazendo a instalação dos cabos de rede, é importante investigar se a empresa segue algum padrão de sequência de crimpagem diferente desse mencionado.

Na Figura 19.9, aparece a posição de referência em que o conector deve estar no momento de encaixar as pontas do cabo de rede.

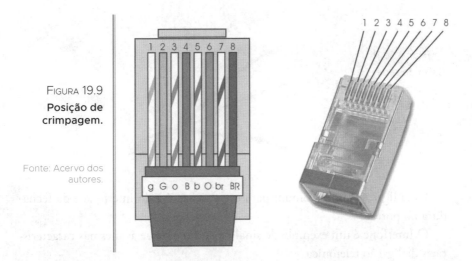

Figura 19.9
Posição de crimpagem.

Fonte: Acervo dos autores.

Lembre-se de que você não precisa desencapar as pontas do cabo de rede, pois os terminais, ou lâminas, que estão no conector se encarregam de perfurar a capa do cabo na profundidade ideal com elevada precisão.

As lâminas tocam os fios de cobre do cabo de rede sem agredir o material, mas fazendo o contato perfeito após o aperto com o alicate de crimpar, conforme a Figura 19.10.

Figura 19.10
Aperto do alicate.

Fonte: Acervo dos autores.

O cabo UTP (união de par trançado) ou cabo de rede (Figura 19.11) é muito utilizado em sistemas de rede de computadores. São encontrados com quatro pares e se diferenciam pela categoria, podendo ser CAT 5e ou CAT 6e.

Figura 19.11
Cabo de rede.

Fonte: Acervo dos autores.

Uma ligação muito comum para o eletricista é a do interfone e da fechadura do portão.

O interfone é um exemplo de sinal de áudio e segue as mesmas características da ligação telefônica.

A diferença é que o interfone é a central que gera o próprio sinal de comunicação através de dois fios.

Ele é o dispositivo que fica do lado de fora do imóvel, e o fone fica dentro do recinto para atendimento e também comanda o acionamento da fechadura do lado externo.

Os fios de comunicação de áudio (voz), além de transmitirem esse tipo de sinal, também emitem o pulso de abertura da fechadura. Na Figura 19.12, você pode compreender como é feita essa ligação.

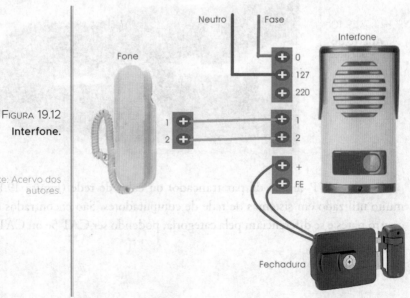

Figura 19.12
Interfone.

Fonte: Acervo dos autores.

Caso opte por ligar na tensão 220V, basta ligar uma das fases no borne "0" e a outra no "220".

19.2 PABX

O PABX (*Private Automatic Branch Exchange*, cuja tradução seria "Troca Automática de Ramais Privados") é uma central de telefonia que gera sinal de áudio e comunicação via telefone para vários pontos de telefone dentro de um estabelecimento.

Com ele, é possível realizar ligações dentro de uma empresa, por exemplo, sem custo nenhum. Você já deve ter visto a recepcionista ligar para algum setor do estabelecimento como diretoria, almoxarifado ou outro.

Essa conversa, com certeza, não gerou custo algum, devido à existência do PABX.

Porém, se a recepcionista precisar falar com alguma pessoa que esteja fora da empresa, o PABX passa a depender da linha telefônica e, dessa forma, haverá custo da ligação, pois, nesse caso, envolve uma operadora de telefonia.

Entretanto, é possível que os dois sistemas funcionem em conjunto, sendo um interno gratuito; e o outro, externo pago.

Você também já deve ter ligado para um estabelecimento para falar com um departamento e a atendente encaminhou sua ligação para o setor desejado.

Nesse caso, a linha externa da operadora foi direcionada para um ramal.

19.2.1 RAMAL

É um ponto de comunicação independente, destinado a atender cada setor. Para que você entenda, se um PABX tiver oito ramais, isso quer dizer que oito ambientes poderão ter um telefone instalado para receber e fazer ligações.

Resumindo: um ramal é uma saída de uma central de telefonia disponível para a ligação de um par de fios que será levado à tomada de um telefone.

Ramais têm um número de identificação exclusiva, ou seja, a pessoa que se encontra falando em um ramal tem sua conversa resguardada com certa privacidade.

Se alguém que está no ramal de número 5 quiser se comunicar com outro ramal, basta digitar o número 6, por exemplo, que esse ramal tocará como um telefone comum.

O mesmo processo ocorre entre todos os ramais.

19.2.2 Tronco

O tronco é a entrada destinada à conexão da linha telefônica externa da operadora.

Pensamos em uma empresa que tenha dois números de telefone, portanto, duas linhas instaladas. O PABX que atende essa empresa deve ter dois troncos.

Essas duas linhas poderão ser direcionadas para qualquer um dos ramais na ocorrência de ligações externas. Da mesma forma, se alguém quiser fazer ligações externas estando em um dos ramais, poderá acessar essas duas linhas, ou troncos.

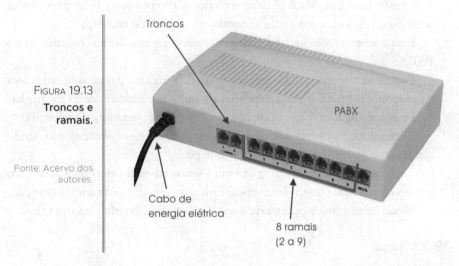

Figura 19.13
Troncos e ramais.

Fonte: Acervo dos autores.

Você encontrará aparelhos que disponibilizam maior quantidade de ramais e troncos, diferenciando o preço entre a variedade de modelos, evidentemente (Figura 19.13).

Instalar o aparelho de PABX é simples: basta ligá-lo à energia elétrica e levar um par de fios de cada ramal para os locais onde deverão ficar os telefones. As linhas telefônicas externas são ligadas diretamente do padrão de entrada até os troncos do aparelho.

Lembre-se de que é preciso crimpar as extremidades dos cabos dos ramais para que eles sejam conectados nas entradas RJ11 do PABX.

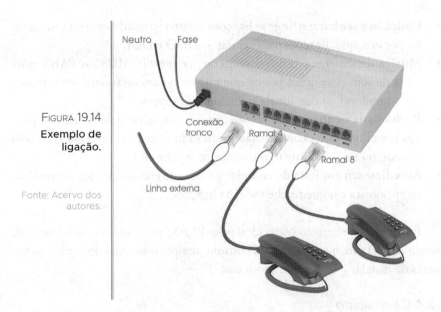

FIGURA 19.14
Exemplo de ligação.

Fonte: Acervo dos autores.

Na Figura 19.14, foi exemplificada a ligação de uma linha externa e dois ramais. Cabe a preocupação quanto ao cabeamento estar alojado em tubulação separada (lógica) e distante de umidade para evitar ruídos e falha no funcionamento.

19.2.3 Configurações

Os aparelhos de PABX oferecem alguns recursos que são considerados essenciais para o atendimento das necessidades das empresas, tais como:

- **Ramal atendedor:** é o ramal onde as ligações externas deverão tocar — geralmente é o ramal da recepção.
- **Captura de chamada:** permite que alguém que esteja ouvindo um ramal tocar, percebendo que não tem ninguém para atender, possa "puxar" a ligação para o seu ramal.
- **Consulta a ramal:** é utilizado quando o atendente precisa colher alguma informação durante uma ligação externa e pede para a pessoa aguardar; enquanto ele fala com outro ramal, a ligação permanece muda.
- **Siga-me:** oferece o recurso para alguém que se ausentará de seu recinto programar o ramal para que toque no ramal de destino.
- **Acesso à linha:** normalmente os aparelhos de PABX utilizam a tecla "0" para "puxar" a linha externa, estando alguém em algum ramal precisando realizar uma ligação para fora da empresa.

- **Cadeado e senha:** restringe as ligações externas parcialmente ou totalmente; por exemplo, ligações para celulares, DDD e DDI.
- **Música de espera:** é possível conectar na entrada MUS do PABX uma saída de som para que a pessoa que estiver aguardando ouça uma música mais agradável do que aquela tradicional de espera.
- **Rechamada ocupado:** este recurso auxilia o usuário quando ele liga para um ramal que está ocupado, não precisando ficar fazendo tentativas, pois quando o ramal desocupar, o telefone toca avisando.
- **Atendimento em falta de energia:** na falta de energia elétrica, o ramal da recepcionista é o que recebe todas as ligações.

Entre tantos recursos oferecidos pelo PABX, esses são os mais comuns, sendo importante que o eletricista consulte sempre o manual do equipamento antes de instalar e configurar todos eles.

19.2.4 Cabeamento

Você deve estar atento ao tipo de cabo utilizado em telefonia. O mais comum para sistemas de ramais, telefones e interfones é o 2 vias 24 AWG (Figura 19.15).

Evite tubulações subterrâneas, pois o acúmulo de umidade no interior dos tubos pode comprometer o sinal de áudio consideravelmente, podendo levar à interrupção do sistema.

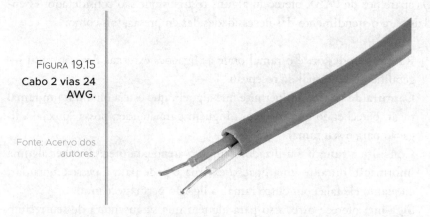

Figura 19.15
Cabo 2 vias 24 AWG.

Fonte: Acervo dos autores.

Esse padrão de medida é adotado em sistemas de telecomunicações. Na tabela AWG de conversão de cabos, você pode encontrar o valor em milímetros quadrados.

A.W.G	Diâmetro (mm)	Seção reta (mm²)	A.W.G	Diâmetro (mm)	Seção reta (mm²)
1	7.348	42.41 mm²	21	0.723	0.410 mm²
2	6.544	33.63 mm²	22	0.644	0.326 mm²
3	5.827	26.67 mm²	23	0.573	0.258 mm²
4	5.189	21.15 mm²	24	0.511	0.205 mm²
5	4.621	16.77 mm²	25	0.455	0.162 mm²
6	4.115	13.30 mm²	26	0.405	0.129 mm²
7	3.665	10.55 mm²	27	0.361	0.102 mm²
8	3.264	8.366 mm²	28	0.321	0.081 mm²
9	2.906	6.634 mm²	29	0.286	0.064 mm²
10	2.588	5.261 mm²	30	0.255	0.051 mm²
11	2.305	4.172 mm²	31	0.227	0.040 mm²
12	2.053	3.309 mm²	32	0.202	0.032 mm²
13	1.828	2.624 mm²	33	0.180	0.025 mm²
14	1.628	2.081 mm²	34	0.160	0.020 mm²
15	1.450	1.650 mm²	35	0.143	0.016 mm²
16	1.291	1.309 mm²	36	0.127	0.013 mm²
17	1.150	1.038 mm²	37	0.113	0.010 mm²
18	1.024	0.823 mm²	38	0.101	0.008 mm²
19	0.912	0.653 mm²	39	0.090	0.006 mm²
20	0.812	0.518 mm²	40	0.080	0.005 mm²

TABELA AWG DE CONVERSÃO DE CABOS

19.3 FONTES DE ALIMENTAÇÃO

Nem todos os dispositivos elétricos e eletrônicos funcionam com tensão alternada na ordem de 127 ou 220V.

Muitos deles trabalham com tensão de alimentação em 12V, como é o caso das fechaduras de portão, câmeras, sirenes, entre outros.

No entanto, a tensão da rede nesses casos deve ser transformada de 127V, por exemplo, para 12V.

Além do processo de transformação, é preciso retificar a tensão alternada, onde um circuito formado por diodos, capacitor e regulador de tensão modifica a forma de tensão de oscilante para um modo constante, conhecido como tensão contínua.

Os equipamentos e dispositivos eletrônicos requerem obrigatoriamente o tipo de alimentação contínua. Para que você tenha ideia da importância desse tipo de tensão, se ela não existisse, seria impossível um computador armazenar informação.

Para que você entenda melhor, a fechadura do portão de um prédio precisa de uma fonte para que o porteiro possa apertar um interruptor e abrir o portão social (Figura 19.16).

Lembre-se: as fechaduras não funcionam com 127 ou 220V, mas com 12 volts, portanto, não se esqueça de usar a fonte!

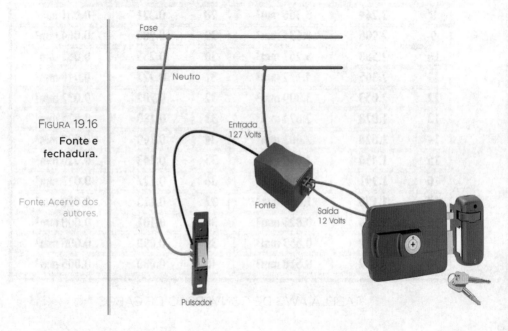

FIGURA 19.16
Fonte e fechadura.

Fonte: Acervo dos autores.

EXERCÍCIOS PROPOSTOS

1. O que você entende por tronco e ramais?
2. Quais ferramentas são necessárias na crimpagem de cabos?
3. Qual é a bitola de cabo utilizado na maioria das vezes em telefonia?
4. Liste o material necessário para instalar um sistema de interfone com a fechadura.

INTERPRETAÇÃO DE PROJETOS PREDIAIS 20

Constantemente o eletricista estará envolvido com projetos elétricos.

Os projetos são elaborados por engenheiros elétricos e, nas plantas da instalação elétrica, os componentes, cabos e todos os elementos que envolvem a instalação do sistema são mostrados através de símbolos.

20.1 DIAGRAMAS

A simbologia que representa os componentes está estruturada em diagramas que são chamados de "unifilares", na Figura 20.1.

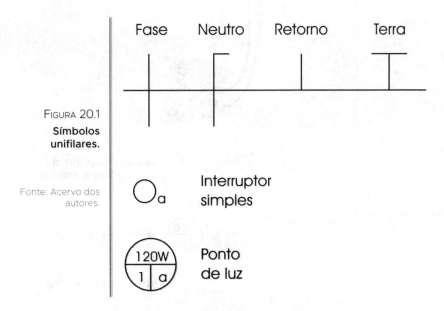

Figura 20.1 Símbolos unifilares.

Fonte: Acervo dos autores.

Agora vamos entender a função de cada símbolo no projeto, começando por analisar a ligação de uma lâmpada comandada por interruptor simples.

Você pode comparar a ligação real (Figura 20.2) com aquela mostrada no projeto (Figura 20.3).

Observe que todos os elementos da instalação estão indicados no diagrama unifilar.

O ponto de luz é a lâmpada e no símbolo estão indicados a potência de 120W, o número da rede ou circuito (1) que sai do quadro de distribuição e o interruptor que acende a luz (a).

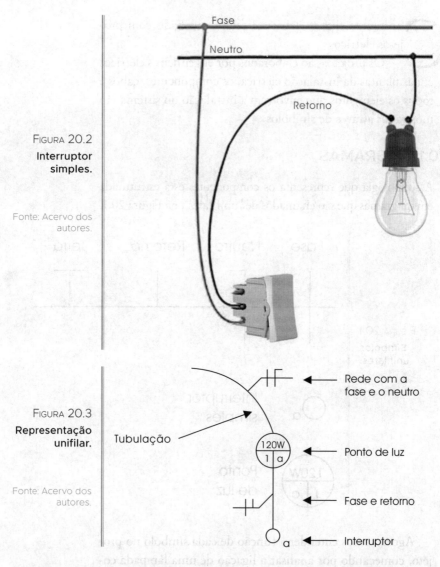

FIGURA 20.2
Interruptor simples.

Fonte: Acervo dos autores.

FIGURA 20.3
Representação unifilar.

Fonte: Acervo dos autores.

Vamos tomar como exemplo a ligação com interruptor paralelo.

INTERPRETAÇÃO DE PROJETOS PREDIAIS

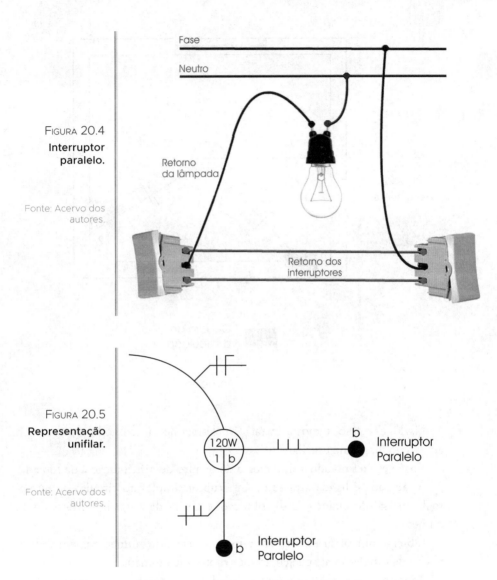

Figura 20.4
Interruptor paralelo.

Fonte: Acervo dos autores.

Figura 20.5
Representação unifilar.

Fonte: Acervo dos autores.

Você deve ter visto que a interpretação da ligação com dois interruptores paralelos nas Figuras 20.4 e 20.5 se repete em relação ao que foi explicado no sistema com interruptor simples.

O que muda é a quantidade de retornos e que o ponto de comando neste caso é indicado pela letra "b".

A simbologia do interruptor também é diferente, tendo o círculo preenchido.

INSTALAÇÃO RESIDENCIAL APLICADA À IoT

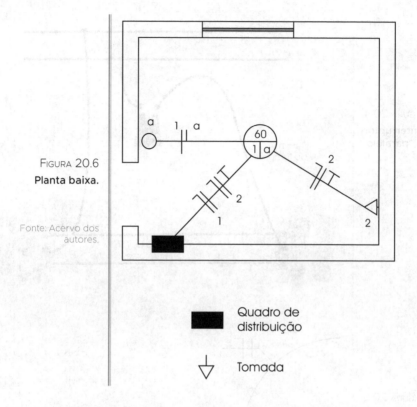

Figura 20.6
Planta baixa.

Fonte: Acervo dos autores.

Na Figura 20.6, temos a instalação elétrica de um cômodo representado através do diagrama unifilar.

Você deve ter notado a simbologia do quadro de distribuição e da tomada.

A lâmpada é ligada através do interruptor simples no circuito de número 1, que sai do quadro de distribuição; e a tomada é ligada no circuito de número 2.

Observe que as fases, neutro, retorno e terra são numerados em todo o trecho da tubulação até chegar ao interruptor ou à tomada.

Tanto no interruptor quanto na tomada, existe também a identificação do número do circuito ou a letra.

20.2 SISTEMAS ESPECÍFICOS

No sistema de incêndio, também temos a simbologia especificada de acordo com a norma estabelecida pelo corpo de bombeiros.

A bomba de incêndio é instalada seguindo os critérios de ligação do motor trifásico.

O alarme de incêndio é uma central com sirene, bateria e botoeiras do tipo quebra-vidro, que, ao serem acionadas, fazem a sirene da central disparar.

O vidro atua sobre o pulsador existente dentro da botoeira, mantendo-o pressionado e, na ocorrência de incêndio, basta que alguém simplesmente quebre o vidro para que o pulsador seja liberado e acione a central de alarme de incêndio.

Toda a tubulação do sistema de incêndio deve estar separada da tubulação do restante dos circuitos do imóvel, e até mesmo o próprio sistema de alarme precisa estar separado do circuito da bomba de incêndio.

Além disso, as tubulações de ambos os sistemas devem ser obrigatoriamente feitas com tubos de aço galvanizado, incluindo os acessórios como conduletes, curvas e uniduts.

Na Figura 20.7, temos alguns símbolos encontrados em sistemas de incêndio e que estarão presentes nos projetos da instalação.

Lembre-se: o eletricista não tem autonomia para alterar qualquer parte que seja do projeto, a não ser que lhe seja entregue o novo projeto assinado pelo corpo de bombeiros e por um engenheiro civil.

Figura 20.7
Símbolos de dispositivos de incêndio.

Fonte: Acervo dos autores.

Mesmo assim, deve seguir rigorosamente o que está sendo indicado no projeto da planta baixa.

Na Figura 20.8, temos o projeto de uma sala de espera com sistema de hidrante com a bomba e alarme de incêndio, além de duas luminárias de emergência.

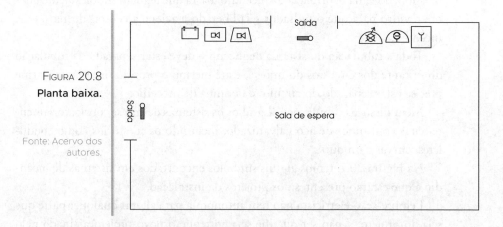

FIGURA 20.8
Planta baixa.

Fonte: Acervo dos autores.

Normalmente, você encontrará as caixas de hidrante com duas botoeiras em cima, de acordo com a Figura 20.9.

Na esquerda, temos as botoeiras que ligam e desligam a bomba; e, na direita, a botoeira com o martelo para acionamento do sistema de incêndio.

FIGURA 20.9
Hidrante.

Fonte: Acervo dos autores.

INTERPRETAÇÃO DE PROJETOS PREDIAIS

A ligação da central de alarme (Figura 20.10) é simples: temos três botoeiras, a bateria e a sirene.

Os bornes de ligação da botoeira recebem o nome de "laço".

Como todo equipamento elétrico, a central deve ser alimentada com tensão da rede e, na falta de energia elétrica, a bateria assume o sistema.

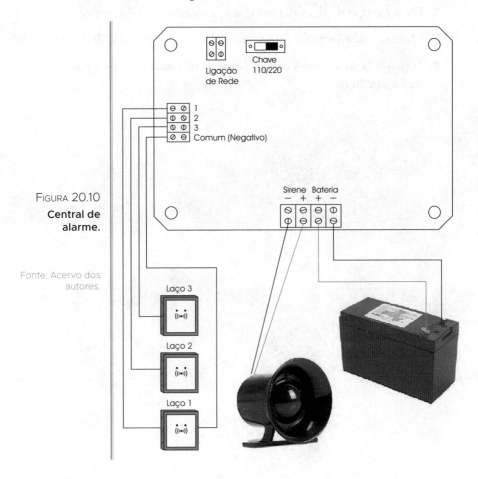

FIGURA 20.10
Central de alarme.

Fonte: Acervo dos autores.

A central de alarme de incêndio não requer configurações, mas apenas a conexão dos dispositivos.

Quando for necessário ligar várias botoeiras, é preciso que a central tenha a quantidade de laços suficientes para as todas elas.

157

EXERCÍCIOS PROPOSTOS

1 Como deve ser o critério no processo do projeto do sistema de alarme e bomba de incêndio?

2 Qual é o tipo de eletroduto exigido na tubulação de incêndio?

3 Quanto à tubulação do sistema de incêndio, qual cuidado deve ser tomado?

4 Faça a lista de material (sem considerar tubulação e cabos) para o projeto da Figura 20.6.

Parte 3

PROJETOS IoT COM A PLATAFORMA ARDUINO

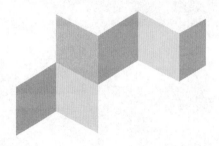

Com o avanço tecnológico, o setor elétrico está sempre inovando com novos produtos e aplicações para seus clientes.

Agora que você já conhece os componentes da área elétrica e tem o conhecimento necessário para instalar lâmpadas, tomadas e equipamentos elétricos, realizando medidas e cálculos, chegou o momento de aprofundarmos nossos estudos e entramos no mundo tecnológico, podendo controlar e receber dados desses equipamentos através da internet por meio de computadores, tablets ou smartphones. Uma aplicação prática que desenvolveremos será o controle de intensidade da luz de uma lâmpada pela internet.

Essa integração de objetos conectados à internet é conhecida como IoT, que significa *Internet of Things* (Internet das Coisas).

Você deve estar se perguntando: "Qual é o nível de dificuldade para realizar esses projetos?"

Utilizando a plataforma Arduino, temos a vantagem de facilitar o desenvolvimento de nossos projetos, podendo rapidamente aprender os caminhos de como montar seu projeto de acordo com o conteúdo que será abordado nos próximos capítulos deste livro. Agora é com você. Bons estudos!

PLATAFORMA 21
ARDUINO E
SERVIDOR WEB

Neste capítulo, aprenderemos como utilizar a plataforma Arduino, conhecendo o hardware e software da plataforma.

Também aprenderemos como desenvolver um servidor web e acessá-lo de forma local ou pela internet utilizando o XAMPP. Para isso, utilizaremos a linguagem HTML. O nosso foco é conhecer as plataformas que darão base para o desenvolvimento dos projetos. Dessa forma, caso tenha interesse em aprofundar seus estudos na programação dessas linguagens, indicamos a leitura do livro: *Eletrônica Analógica E Digital Aplicada à IoT.*

21.1 ARDUINO

O Arduino é uma plataforma de desenvolvimento microcontrolada, composta pelo seu hardware e sua IDE (*Integrated Development Environment* — Ambiente de Desenvolvimento Integrado). Sua origem veio do *Interaction Design Institute* em Ivrea (Itália, 2005), e, ano a ano, a plataforma é cada vez mais utilizada por estudantes, hobistas e profissionais de diversas áreas de atuação.

Isso ocorre graças a sua facilidade de utilização, podendo o usuário desenvolver seus projetos de forma rápida.

Durante todos esses anos, foram lançados diversos modelos de placas Arduino, sendo a mais famosa a Arduino Uno (Figura 21.1).

INSTALAÇÃO RESIDENCIAL APLICADA À IoT

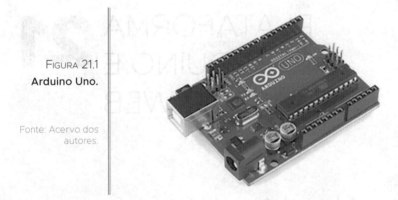

Figura 21.1
Arduino Uno.

Fonte: Acervo dos autores.

A placa Arduino Uno é composta por um microcontrolador que tem a função de executar os comandos que serão gravados em sua memória, seguindo a lógica de programação desenvolvida pelo usuário. A alimentação padrão que a placa utiliza é de 5Vcc.

Podemos conectar na placa Arduino Uno diversos tipos de sensores ou atuadores, mas, para isso, precisamos conhecer as características técnicas da placa, garantindo que esses dispositivos externos sejam compatíveis com os níveis de tensão e corrente elétrica do hardware.

A Figura 21.2 detalha os principais componentes da placa.

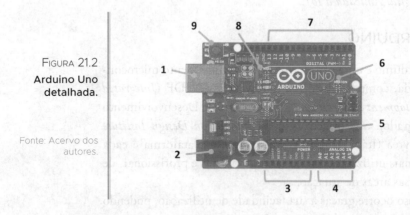

Figura 21.2
Arduino Uno detalhada.

Fonte: Acervo dos autores.

1 Conector USB (tipo B). Utilizado para conectar a placa ao computador. Dessa forma, podemos gravar/alterar o *firmware* do microcontrolador ou então enviar/receber dados seriais para/de outros equipamentos. É possível também alimentar a placa pelo cabo USB.

PLATAFORMA ARDUINO E SERVIDOR WEB

2 Plugue P4. Nesse plugue, podemos inserir uma fonte de alimentação para energizar a placa. Essa fonte pode variar de 7Vcc a 12Vcc, sendo indicada uma corrente de 500mA a 1A, pois as trilhas da placa não suportam correntes elétricas elevadas. A placa contém um regulador de tensão que ajustará a tensão dessa entrada para 5Vcc. Quando estiver conectada com o cabo USB e com a fonte de energia (P4) ao mesmo tempo, a placa utilizará um comparador de tensão, que dará preferência à alimentação proveniente do plugue P4, ficando o cabo USB somente com a função de transmitir dados seriais.

3 Barramento POWER – Nesse barramento, a placa disponibiliza pinos de alimentação que podem ser utilizados para ligar os sensores ou atuadores externos, respeitando seus níveis de tensão e corrente elétrica. Vamos encontrar também um pino com alimentação de 3,3Vcc, pois a placa contém um regulador dedicado para esse nível de tensão.

4 Barramento ANALOG IN – Nesse barramento, temos seis pinos para a entrada de sinais analógicos, que podem variar na faixa de 0 a 5Vcc. Um exemplo seria um sensor de temperatura. O nível de tensão desse sensor se altera de acordo com o nível da temperatura.

5 Microcontrolador – O microcontrolador é um CI (circuito impresso) que contém uma unidade lógica de processamento, memórias, portas de entrada e saída e periféricos. Esse é o principal componente da placa, e o seu *firmware* pode ser gravado pelo usuário.

6 Led ON – Esse LED, quando aceso, indica que a placa está energizada.

7 Barramento DIGITAL – Nesse barramento, temos 14 pinos de entrada ou saída digital que vão do pino 0 ao pino 13. Será na programação que definiremos a configuração de cada pino como INPUT (entrada) ou OUTPUT (saída).

8 LED de teste – Esse LED está conectado diretamente ao pino 13 do barramento digital. Dessa forma, podemos gravar um programa que utiliza o pino 13 como saída e testar o funcionamento básico da nossa placa, garantindo, por exemplo, que os meios de comunicação estejam funcionando corretamente.

9 Botão Reset – A função desse botão é reiniciar o microcontrolador.

CURIOSIDADES

Firmware é um software de controle de baixo nível. Quando falamos "baixo nível", estamos nos referindo a softwares que estão próximos do hardware.

A placa Arduino é programada pela sua IDE, que pode ser encontrada diretamente no site **https://www.arduino.cc/**.

O software é fornecido gratuitamente para o usuário, podendo ser realizado download da versão executável ou da versão com instalador.

A IDE pode ser instalada nos sistemas operacionais Windows, Mac OS X ou Linux. Diversas versões da IDE já foram desenvolvidas e neste livro utilizaremos a versão 1.8.7 com o sistema operacional Windows 10.

A Figura 21.3 mostra a interface da IDE Arduino. É possível verificar sua simplicidade para que o usuário possa rapidamente interagir com suas funcionalidades.

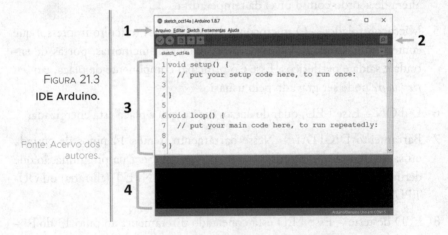

Figura 21.3
IDE Arduino.

Fonte: Acervo dos autores.

1 Barra de menu – Todos os comandos de configuração e ajuda da IDE podem ser encontrados nos menus:

- Arquivo;
- Editar;
- Sketch;
- Ferramentas;
- Ajuda.

PLATAFORMA ARDUINO E SERVIDOR WEB

2 Barra de atalhos – São os atalhos dos comandos mais utilizados na IDE.

3 Ambiente para digitar a programação – É possível notar que, quando abrimos a IDE, um texto já vem digitado no ambiente de programação. Esse texto é conhecido como as duas funções básicas da IDE Arduino. A primeira função é a **void setup()**, que é a primeira parte que o nosso microcontrolador executará quando for energizado. Os comandos que ficam dentro dessa função são executados somente uma vez. A outra função é a **void loop()**, responsável por executar os comandos internos dessa função até que o microcontrolador seja desligado. Como essas duas funções são essenciais para o funcionamento do programa, a IDE já as deixa na tela inicial.

4 Mensagens de saída – Nesse local, podemos configurar a IDE para exibir mensagens durante a gravação ou compilação do nosso programa.

Agora que já conhecemos o hardware e o software Arduino, vamos entender o passo a passo para a criação de um projeto básico.

21.1.1 Utilizando o Hardware e a IDE Arduino

Para iniciar um projeto, é necessário que estejam claros seus objetivos. Como exemplo, nosso objetivo será realizar um sinaleiro de entrada de veículos em garagens. Para realizar o projeto, utilizaremos dois LEDS que simularão as lâmpadas do sinaleiro. O intervalo de tempo entre os LEDS será de 1s.

Começaremos separando os componentes necessários para essa aplicação. Lista de componentes:

- 01 un. Arduino Uno;
- 01 un. cabo USB A/USB B;
- 01 un. LED vermelho 5mm difuso;
- 01 un. LED amarelo 5mm difuso;
- 02 un. resistor 220Ω 1/4W;
- 01 un. protoboard;
- Cabos jumper.

Com o material separado, chegou o momento de fazer as conexões do hardware. A Figura 21.4 mostra uma forma de como realizar a montagem.

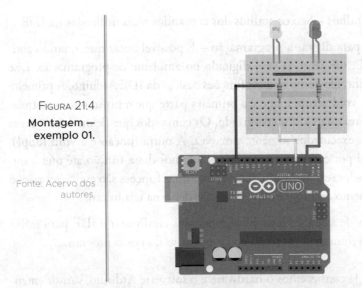

FIGURA 21.4
Montagem —
exemplo 01.

Fonte: Acervo dos autores.

Podemos analisar que conectamos os leds no barramento digital, sendo o LED vermelho (cinza mais escuro na imagem) conectado ao pino 2; e o amarelo (cinza mais claro na imagem), ao pino 4.

Em série com cada led, conectamos um resistor de 220ω, pois o arduino envia, nos pinos, 5vcc; e o LED trabalha na faixa de 2vcc. A tensão do LED pode variar de acordo com sua cor e tamanho.

O próximo passo é abrir a IDE Arduino para realizarmos a programação. A Figura 21.5 mostra o código digitado.

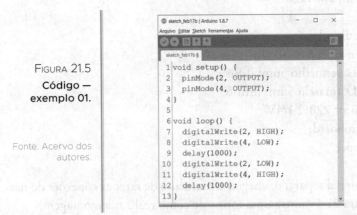

FIGURA 21.5
Código —
exemplo 01.

Fonte: Acervo dos autores.

A linguagem utilizada na IDE Arduino é chamada de "Wiring", sendo baseada na linguagem C. É muito importante garantir que os comandos tenham sido digitados corretamente, pois a linguagem de programação é *case sensitive*, distinguindo as letras maiúsculas das letras minúsculas.

Vamos entender rapidamente o funcionamento do nosso programa para garantir que ele esteja seguindo a lógica de que precisamos para o funcionamento do projeto.

- Linha 1: início da função setup.
- Linha 2: configura o pino 2 da placa como saída.
- Linha 3: configura o pino 4 da placa como saída.
- Linha 4: fim da função setup.
- Linha 6: início da função loop.
- Linha 7: envia nível lógico alto para o pino 2, ligando o LED vermelho.
- Linha 8: envia nível lógico baixo para o pino 4, desligando o LED amarelo.
- Linha 9: espera 1 segundo.
- Linha 10: envia nível lógico baixo para o pino 2, desligando o LED vermelho.
- Linha 11: envia nível lógico alto para o pino 4, ligando o LED amarelo.
- Linha 12: espera 1 segundo.
- Linha 13: fim da função loop.

Um programa criado na IDE Arduino é chamado de "sketch". Com o código digitado, chegou o momento de salvar o sketch. Para isso, clicamos em salvar no menu Arquivo, conforme a Figura 21.6.

FIGURA 21.6
Salvando o sketch.

Fonte: Acervo dos autores.

Ao clicar em salvar, uma nova página será aberta (Figura 21.7), onde iremos inserir o nome para o sketch e direcionar o local onde será salvo. A IDE

Arduino nos direciona inicialmente para sua pasta padrão, porém, podemos escolher outros locais para salvar o projeto. Os arquivos são salvos com a extensão **.ino**.

Sempre que salvamos um sketch, uma pasta com o mesmo nome é criada automaticamente e o sketch será salvo dentro dessa nova pasta.

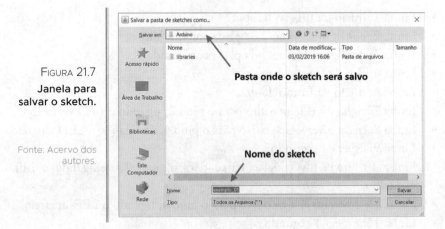

FIGURA 21.7
Janela para salvar o sketch.

Fonte: Acervo dos autores.

Após concluir essa etapa, clique no botão em "Salvar".

Agora vamos conectar a placa Arduino ao computador utilizando o cabo USB (Figura 21.8).

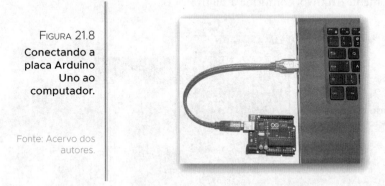

FIGURA 21.8
Conectando a placa Arduino Uno ao computador.

Fonte: Acervo dos autores.

Com a placa conectada, precisamos realizar duas configurações na IDE Arduino através do menu Ferramentas.

A primeira configuração é selecionar com qual placa Arduino estamos trabalhando, conforme a Figura 21.9.

PLATAFORMA ARDUINO E SERVIDOR WEB

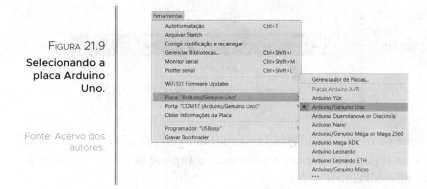

Figura 21.9
Selecionando a placa Arduino Uno.

Fonte: Acervo dos autores.

Em seguida, configurar a porta de comunicação que o computador reconheceu com o Arduino, conforme a Figura 21.10.

Muitas vezes seu computador pode estar conectado com outros dispositivos USB ao mesmo tempo. Dessa forma, a IDE Arduino listará todos os dispositivos que estão conectados nas portas USB. Sendo assim, é comum não sabermos qual porta é a correta. Portanto, uma boa prática é entrar no Gerenciador de Dispositivos do seu computador e verificar todas as portas que foram reconhecidas.

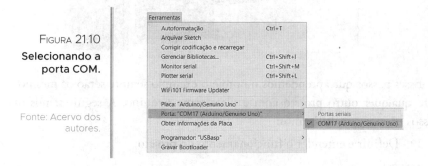

Figura 21.10
Selecionando a porta COM.

Fonte: Acervo dos autores.

Outro ponto a que devemos nos atentar é o driver de comunicação serial entre o Arduino e o computador. Normalmente, se o computador estiver atualizado e conectado à internet, ao conectar a placa pela primeira vez no computador, ele instalará os drivers necessários. Se você tiver optado por utilizar o instalador da IDE Arduino, ele instalará a IDE e os drivers no computador.

Com a porta configurada, o próximo passo é realizar a gravação do sketch na placa. Para isso basta clicar no botão "Upload" da barra de atalho (Figura 21.11).

169

FIGURA 21.11

Botão "Upload".

Fonte: Acervo dos autores.

Nesse momento, o código será compilado e gravado na placa. Caso a IDE apresente algum erro durante o processo, verifique se os passos anteriores foram realizados corretamente.

Se tudo tiver dado certo, o projeto já deve estar funcionando (Figura 21.12).

FIGURA 21.12

Projeto exemplo funcionando.

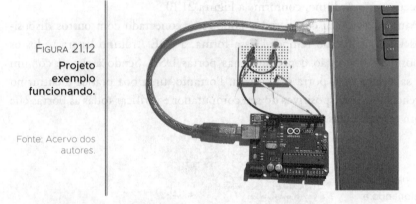

Fonte: Acervo dos autores.

Esses passos que aprendemos no projeto exemplo sempre serão os mesmos para qualquer outro projeto com a plataforma Arduino. A seguir temos os passos básicos que utilizamos:

1º - Definir e entender o funcionamento do projeto;

2º - Selecionar os componentes;

3º - Montar o hardware;

4º - Programar e salvar o sketch;

5º - Realizar as configurações da placa Arduino na IDE;

6º - Gravar o sketch;

7º - Testar o projeto.

Agora chegou o momento de conhecer alguns dispositivos que podemos conectar na placa Arduino.

21.2 MÓDULOS PARA A PLATAFORMA ARDUINO

Os módulos são placas que podemos conectar com o Arduino. Cada um é desenvolvido para uma determinada aplicação. Existem diversos tipos e modelos de módulos, dessa forma, vamos dar ênfase nos que estão relacionados com os projetos IoT que aprenderemos neste livro.

A Figura 21.13 mostra os módulos relés que podem ser encontrados comercialmente em diversos modelos e tamanhos. Sua função é fazer com que o Arduino possa comandar cargas com níveis de tensão e corrente elétrica elevadas. De acordo com a necessidade de relés para a sua aplicação, é possível determinar qual é o melhor módulo que deve ser adquirido.

A grande vantagem desses módulos está na facilidade de uso e na segurança, pois eles têm optoacopladores, evitando, assim, ligações diretas do Arduino com a rede elétrica. Quando acionamos mais de dois relés simultaneamente, não é recomendado utilizar a alimentação da placa Arduino pela porta USB, e, sim, utilizar uma fonte externa.

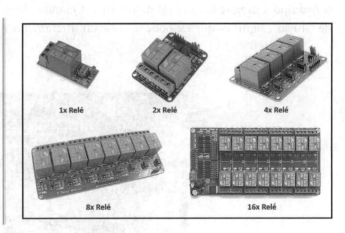

Figura 21.13
Módulos relés.

Fonte: Acervo dos autores.

Esses módulos são acionados com sinal digital, nível lógico baixo 0Vcc ou nível lógico alto 5Vcc.

Alguns modelos desses módulos relés são ativados com nível lógico baixo e desativados com nível lógico alto. Outros modelos já seguem um padrão convencional, sendo ativados com nível lógico alto e desativados com nível lógico baixo.

A Figura 21.14 ilustra os contatos de um relé que é utilizado nos módulos.

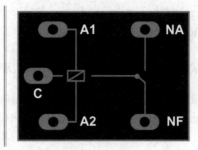

Figura 21.14
Contato dos relés.

Fonte: Acervo dos autores.

Conforme a figura acima, temos os contatos:

- A1 e A2: São os contatos da bobina do relé. Esses relés são alimentados com 5Vcc.
- C – Contato comum.
- NA – Contato normal aberto.
- NF – Contato normal fechado. Com o relé desligado, esse contato está conectado ao comum C.

Outro módulo é o ethernet shield (Figura 21.15). Sua função é conectar o Arduino a uma rede local ou na internet. Quando chamamos um módulo de "shield", significa que ele pode se encaixar diretamente na placa Arduino.

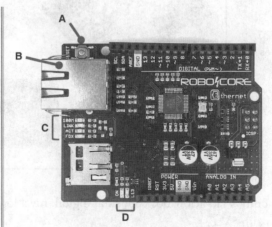

Figura 21.15
Ethernet Shield.

Fonte: Acervo dos autores.

- A – Botão reset.
- B – Conector RJ45
- C – 04 LEDs de status:

100m: LED para indicar uma conexão de 100mb/s.

PLATAFORMA ARDUINO E SERVIDOR WEB

LINK: Indica a presença de um link de rede, piscando no momento de transmissão ou recepção de dados.

ACT: Pisca quando a placa está em atividade, transmitindo e recebendo dados.

FDX: Modo de conexão *full duplex*.

- D – 02 LEDs de status:

ON: Indica que a placa está energizada.

L13: LED conectado ao pino digital 13 da placa Arduino.

O ethernet shield da Figura 21.15 é fabricado pela empresa RoboCore e utiliza o controlador W5500.

Quando estamos utilizando um shield, precisamos conhecer seu hardware, pois os pinos de controle são definidos pelo fabricante. Em alguns casos, o fabricante deixa alguns jumpers para o usuário selecionar em qual porta do Arduino deseja conectar o shield.

A Figura 21.16 mostra o ethernet shield encaixado na placa Arduino Uno. Precisamos ter muito cuidado no momento de encaixar para garantir que os pinos não se entortem ou não sejam conectados de forma errada, podendo ocasionar a queima de algum componente eletrônico.

Para alimentar a placa Arduino e o ethernet shield, é recomendado utilizar um fonte de 9V 1A.

FIGURA 21.16
Ethernet shield conectado ao Arduino Uno.

Fonte: Acervo dos autores.

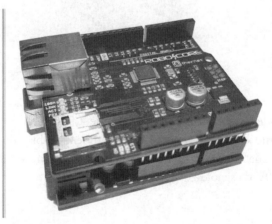

Por se tratar de um módulo que será conectado a uma rede, o ethernet shield contém um MAC Address (MAC: *Media Access Control*).

O MAC Address do shield da Figura 21.16 é:

70-B3-D5-0A-C0-0D

Não deve existir outro equipamento com o mesmo endereço MAC. O Instituto de Engenheiros Eletricistas e Eletrônicos IEEE (*Institute of Electrical and Electronics Engineers*) realiza a administração desses endereços. Caso exista dispositivos com o mesmo MAC na mesma rede, eles não funcionarão, gerando conflito de dados.

Com módulo Triac, que é fabricado pela empresa Eletroshields (Figura 21.17), podemos acionar equipamentos conectados à rede elétrica. Sua aplicação é semelhante ao do módulo relé, porém, por ser um componente eletrônico, podemos realizar inúmeros acionamentos em alta velocidade. Já os relés contêm contatos mecânicos, que se desgastam ao longo do tempo e têm uma velocidade de acionamento limitada dependendo da aplicação.

FIGURA 21.17
Módulo Triac.

Fonte: Acervo dos autores.

Outra grande vantagem é no controle de dimerização de lâmpadas. Esse módulo pode ser encontrado para cargas de 2,5A ou 5A.

O módulo *Zero Cross* (Figura 21.18) também é fabricado pela empresa Eletroshields. Sua função é identificar o momento em que a tensão alternada passa pelo 0V da senóide.

PLATAFORMA ARDUINO E SERVIDOR WEB

Figura 21.18
Módulo Zero Cross.

Fonte: Acervo dos autores.

Como esses módulos não podem ser encaixados diretamente no Arduino Uno, a empresa Eletroshields fábrica uma placa-base que pode conectá-los diretamente a ele.

A placa-base da Figura 21.19 está conectada à placa Arduino Uno e tem capacidade para conectar até quatro shields simultaneamente. Na figura, podemos observar que estão conectados os módulos Triac e Zero Cross. Em um dos slots, também podemos conectar o Arduino Nano.

Figura 21.19
Base com Módulo Triac e Zero Cross.

Fonte: Acervo dos autores.

Agora que já conhecemos alguns módulos que interagem com o Arduino, podemos seguir nossos estudos para montar um servidor web, com o objetivo de juntar os conhecimentos para desenvolver projetos que possam controlar alguns módulos pela internet.

21.3 CONHECENDO O XAMPP

O XAMPP é um ambiente de desenvolvimento que tem servidores de código aberto. Podemos utilizá-lo nos sistemas operacionais Windows, Linux e OS X. Cada letra do nome XAMPP se refere a um aspecto:

- **X** – Pode ser utilizado nos principais sistemas operacionais;
- **A** – Apache. É um servidor web de código aberto;
- **M** – MySQL. Sistema de gerenciamento de banco de dados que utiliza a linguagem SQL (*Structure Query Language*);
- **P** – PHP. Linguagem de código aberto para desenvolvimento web;
- **P** – Perl. Linguagem de programação web.

Uma vez instalado o XAMPP, podemos facilmente integrar os recursos citados acima, sem ter que instalá-los separadamente.

Para realizar a instalação, acesse o site **https://www.apachefriends.org/pt_br/index.html** para realizar o download da versão mais recente. Escolha qual será o sistema operacional que utilizará. Neste projeto, instalaremos o XAMPP no SO Windows.

A versão que instalaremos é a com PHP 7.3.0 (Download em 07/01/2019). Após realizar o download do instalador em seu computador, clique nele para iniciar a instalação. Dependendo das configurações do seu computador, algumas janelas podem aparecer com informações sobre divergências do software com as configurações do sistema operacional, como, por exemplo, a mensagem da Figura 21.20 alertando que seu antivírus pode retardar a instalação. Faça a leitura dos avisos e de acordo com as mensagens realize as intervenções necessárias.

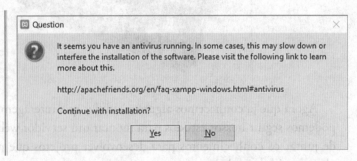

Figura 21.20
XAMPP – aviso pré-instalação.

Fonte: Acervo dos autores.

PLATAFORMA ARDUINO E SERVIDOR WEB

Se estiver tudo certo com as configurações, a janela da Figura 21.21 será aberta, dando boas-vindas para iniciar a instalação do XAMPP, clique no botão "Next >" para continuar.

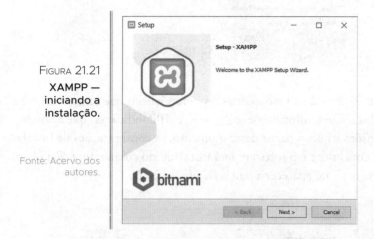

Figura 21.21
XAMPP — iniciando a instalação.

Fonte: Acervo dos autores.

A próxima janela (Figura 21.22) é para selecionar os componentes que o usuário deseja instalar. É possível observar que vamos instalar, dentre os componentes, o Apache e o PHP, sendo os principais itens para nossa aplicação.

Como, por padrão, todos os itens já vieram selecionados, vamos manter a configuração de instalação e clicar no botão "Next >".

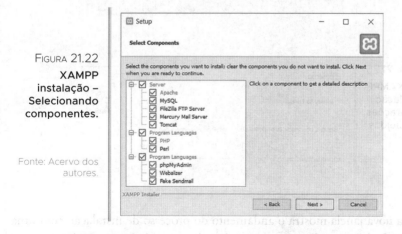

Figura 21.22
XAMPP instalação – Selecionando componentes.

Fonte: Acervo dos autores.

Na sequência, temos uma nova janela (Figura 21.23) utilizada para selecionar o diretório onde será criado uma pasta com os arquivos do XAMPP em seu computador. Vamos manter o local padrão e clicar no botão "Next >".

177

FIGURA 21.23
XAMPP instalação – pasta de instalação.

Fonte: Acervo dos autores.

As Figuras 21.24 e 21.25 são as duas próximas janelas que serão abertas na sequência. Elas contêm informações sobre o XAMPP indicando que é possível instalar extensões e que, a partir desse momento, as configurações de instalação já foram concluídas e o software será instalado no computador. Para isso, clique em "Next >" até aparecer a janela da Figura 21.26.

FIGURA 21.24
XAMPP instalação – informações.

Fonte: Acervo dos autores.

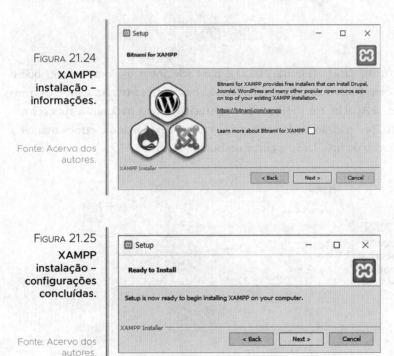

FIGURA 21.25
XAMPP instalação – configurações concluídas.

Fonte: Acervo dos autores.

Essa nova janela mostra o andamento do processo de instalação com uma barra verde de status. Devemos aguardar a barra verde ficar completa.

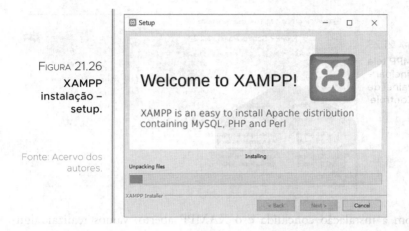

Figura 21.26
XAMPP
instalação –
setup.

Fonte: Acervo dos autores.

Ao concluir a instalação a janela da Figura 21.27 será aberta informando que o software foi instalado com sucesso. A seta na Figura 21.27 indica um *check box* que está marcado, com objetivo de, ao clicar no botão "Finish", abrir o XAMPP automaticamente. Ao abrir o software pela primeira vez, uma pequena janela será exibida para escolher a linguagem, podendo ser inglês ou alemão.

Figura 21.27
XAMPP —
instalação
completa.

Fonte: Acervo dos autores.

A Figura 21.28 mostra a tela principal do XAMPP, conhecida como painel de controle.

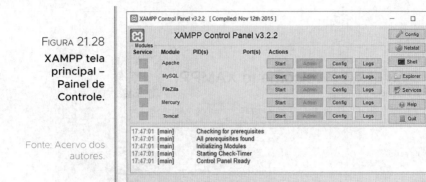

Figura 21.28
XAMPP tela principal – Painel de Controle.

Fonte: Acervo dos autores.

Com a instalação concluída e o XAMPP aberto, vamos realizar algumas configurações. Para isso clique em "Config", conforme mostra a seta na Figura 21.28.

Na nova tela aberta (Figura 21.29), uma das opções é escolher qual editor utilizaremos para realizar alterações nos arquivos do XAMPP. Podemos verificar que o editor padrão é o bloco de notas, que não é um software intuitivo e prático para trabalhar com linguagens de programação.

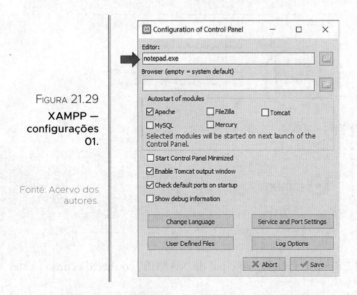

Figura 21.29
XAMPP — configurações 01.

Fonte: Acervo dos autores.

Dessa forma, o editor que utilizaremos é o Notepad++, que pode ser baixado no site **https://notepad-plus-plus.org/** (Acesso em 08/01/2019 — com a versão v7.6.2). O Notepad++ pode ser baixado tanto no modo com instalador

PLATAFORMA ARDUINO E SERVIDOR WEB

ou em um pacote de pasta com o arquivo executável. O usuário também pode escolher entre as versões 32 ou 64bits no momento do download.

A vantagem é que esse é um editor de texto para formatar diversas linguagens de programação, como mostra a Figura 21.30.

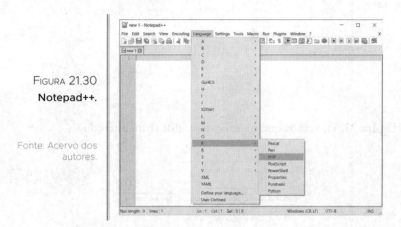

Figura 21.30
Notepad++.

Fonte: Acervo dos autores.

Veja que temos uma aba que se chama "Language" e, dentro dela, podemos escolher com qual linguagem de programação queremos trabalhar, como, por exemplo, o PHP.

Com o Notepad++ funcionando no computador, voltamos ao XAMPP e alteramos o editor. Para isso, clique no botão, como mostra a seta na Figura 21.31, para escolher outro editor.

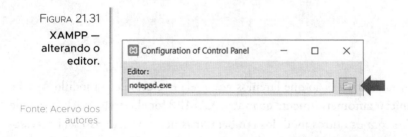

Figura 21.31
XAMPP — alterando o editor.

Fonte: Acervo dos autores.

O diretório de arquivos (Figura 21.32) será aberto para a seleção de um arquivo executável. Para isso, entre na pasta onde está o Notepad++ em seu computador, selecione o executável e clique em abrir.

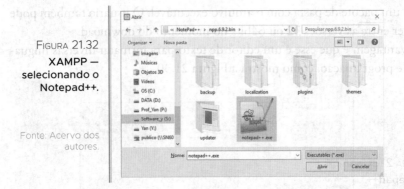

Figura 21.32
XAMPP — selecionando o Notepad++.

Fonte: Acervo dos autores.

Na Figura 21.33, vemos que o nome do editor já foi alterado.

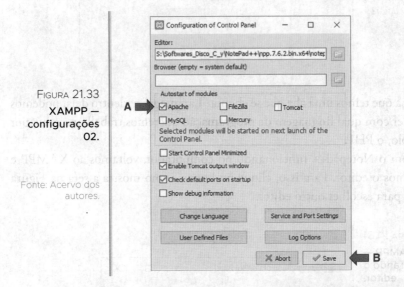

Figura 21.33
XAMPP — configurações 02.

Fonte: Acervo dos autores.

Outra configuração que faremos nessa tela é selecionar o módulo Apache para iniciar automaticamente quando o XAMPP for aberto (seta A). Isso pode ser feito com os outros módulos também, mas nesse projeto não será necessário. Para concluir as alterações clique em "Save" (seta B).

O próximo passo é habilitar o socket no servidor apache. Para isso clique em "Config" e na sequência clique para abrir o arquivo PHP (php.ini), conforme a Figura 21.34.

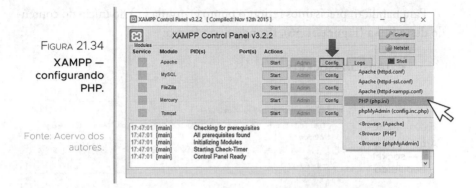

FIGURA 21.34
XAMPP —
configurando
PHP.

Fonte: Acervo dos autores.

Nesse momento, o Notepad++ que foi configurado vai abrir o arquivo "php.ini". Procure pela linha que contém o conteúdo:

;extension=sockets

Para facilitar essa busca, é possível utilizar o atalho no telhado com as teclas Ctrl+F.

A Figura 21.35 mostra que o conteúdo foi encontrado na linha 932, sendo que isso não garante que esse conteúdo estará sempre nessa linha; isso pode variar em outras versões do XAMPP.

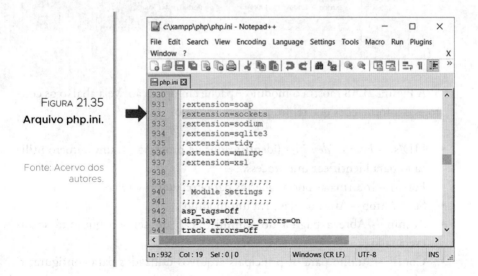

FIGURA 21.35
Arquivo php.ini.

Fonte: Acervo dos autores.

183

Para habilitar, precisamos retirar o ponto e vírgula (;) no início do conteúdo dessa linha (Figura 21.36), ficando desta forma:

extension=sockets

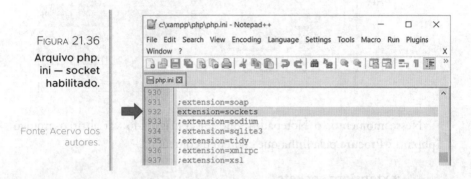

FIGURA 21.36
Arquivo php.ini — socket habilitado.

Fonte: Acervo dos autores.

Após habilitar o socket, salve o arquivo e feche o Notepad++.

Para testar, podemos iniciar o módulo do Apache clicando em "Start", conforme mostra a Figura 21.37.

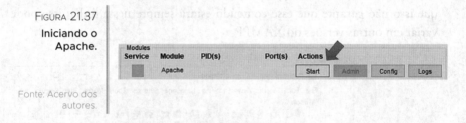

FIGURA 21.37
Iniciando o Apache.

Fonte: Acervo dos autores.

A Figura 21.38 mostra o módulo Apache em operação. Veja abaixo os controles e informações que temos para esse módulo:

- PID(s) – *Process identifier* (identificador de processo). É um número utilizado para identificar um processo.
- Port(s) – Informa as portas abertas para executar o serviço.
- Start / Stop – Ativa ou desativa um módulo.
- Admin – Abre a página de administração do serviço que está sendo executado.
- Config – Atalho para os principais arquivos utilizados para configurar o serviço.
- Logs – Abre os logs do serviço.

PLATAFORMA ARDUINO E SERVIDOR WEB

FIGURA 21.38
Módulo
Apache.

Fonte: Acervo dos autores.

Com o módulo Apache rodando, vamos realizar um teste para mostrar que o servidor web está funcionando. Para isso, abra um navegador de internet e digite:

localhost

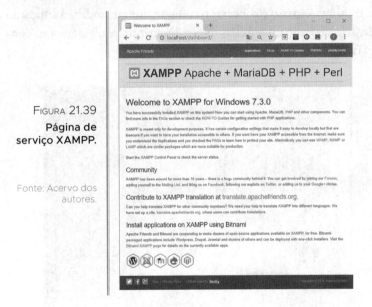

FIGURA 21.39
Página de serviço XAMPP.

Fonte: Acervo dos autores.

Na Figura 21.39, vemos que a página foi carregada com sucesso, dessa forma, o serviço está funcionando.

Nesse momento, o XAMPP já está instalado e funcionando. O próximo passo é desenvolver a aplicação em HTML e PHP e incluí-la no XAMPP.

CURIOSIDADES

Quando um arquivo é alterado no Notepad++ sem ter sido salvo, o símbolo do disquete ao lado do nome do arquivo fica vermelho. Quando o arquivo está salvo, o símbolo fica azul.

21.4 ACESSANDO UMA PÁGINA WEB PELA REDE LOCAL UTILIZANDO O XAMPP.

Agora que já temos o servidor rodando na máquina local, vamos configurá-lo para que possa ser acessado em uma rede local e, em seguida, externamente pela internet.

Para isso, o primeiro passo é conectar o computador que rodará a aplicação em uma rede, seja via cabo ou wireless. Nesse momento, realizaremos as configurações para um acesso local.

Figura 21.40
Roteador e notebook.

Fonte: Acervo dos autores.

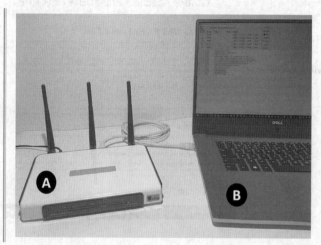

A Figura 21.40 mostra um notebook (item B) conectado a um roteador (item A), sendo que a conexão entre os dispositivos foi realizada por um cabo de rede.

PLATAFORMA ARDUINO E SERVIDOR WEB

O roteador que estamos utilizando é da marca TP-LINK, modelo TL-WR941ND(BR). Outros roteadores podem ser utilizados no projeto. Para isso, verifique no manual do produto como realizar as configurações que faremos, pois cada modelo tem diferentes telas de acesso.

Para iniciar, vamos abrir um navegador e digitar o link fornecido para esse roteador (Figura 21.41):

http://tplinklogin.net/

Esses dados são fornecidos pelo fabricante e geralmente estão anotados na parte inferior do roteador — eles podem ser alterados pelo usuário.

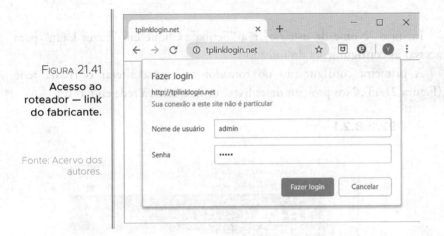

FIGURA 21.41
Acesso ao roteador — link do fabricante.

Fonte: Acervo dos autores.

Também é possível acessar a tela de configurações sabendo o IP do seu roteador (Figura 21.42). Nesse caso, o roteador está configurado com o IP de fábrica:

192.168.0.1

Verifique qual é o IP de acesso do seu roteador.

INSTALAÇÃO RESIDENCIAL APLICADA À IoT

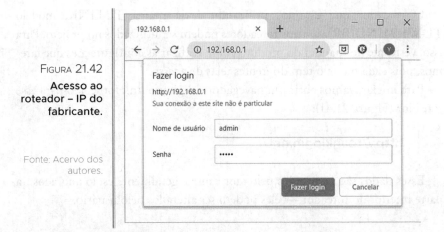

Figura 21.42
Acesso ao roteador – IP do fabricante.

Fonte: Acervo dos autores.

Insira o "Nome de usuário" e a "Senha". Clique em "Fazer login" para acessar as configurações do roteador.

A primeira configuração no roteador será para alterar o IP da rede (Figura 21.43). Nos projetos deste livro, utilizaremos a rede com o IP:

192.168.2.1.

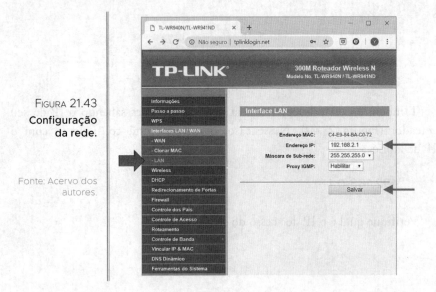

Figura 21.43
Configuração da rede.

Fonte: Acervo dos autores.

Para isso, basta acessar o menu: Interfaces LAN/WAN → LAN.

PLATAFORMA ARDUINO E SERVIDOR WEB

Altere o endereço IP para 192.168.2.1 e clique em salvar. O roteador comunicará que será reiniciado para aplicar a configuração. Após ter sido reiniciado, o novo IP de login terá se alterado para:

192.168.2.1

Acesse novamente as configurações do roteador com o novo IP (Figura 21.44).

Figura 21.44
Acesso ao roteador — novo IP.

Fonte: Acervo dos autores.

Nosso próximo passo, será alterado o nome da rede WiFi.

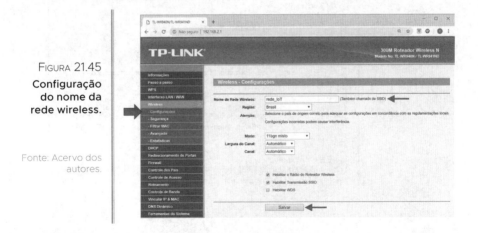

Figura 21.45
Configuração do nome da rede wireless.

Fonte: Acervo dos autores.

Para isso basta acessar o menu: Wireless → Configurações, conforme a Figura 21.45.

Altere o nome da rede wireless para "rede_IoT" e clique em salvar.

189

Na sequência, configure uma senha para a rede wireless, acessando o menu: Wireless → Segurança (Figura 21.46). Utilizaremos a senha: "1234mudar".

FIGURA 21.46
Configuração da senha da rede wireless.

Fonte: Acervo dos autores.

Após trocar a senha, clique em salvar. Nesse momento, já temos nosso roteador configurado.

O próximo passo é criarmos uma pequena página em HTML para que possamos testar a aplicação.

Vamos abrir o Notepad++, escolher a linguagem HTML e digitar o código da Figura 21.47.

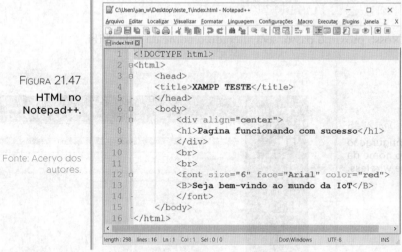

FIGURA 21.47
HTML no Notepad++.

Fonte: Acervo dos autores.

PLATAFORMA ARDUINO E SERVIDOR WEB

Vamos entender o código:

- Linha 1: tipo do documento: HTML
- Linha 2: início do documento HTML
- Linha 3: início do cabeçalho
- Linha 4: define um título para a página
- Linha 5: fim do cabeçalho
- Linha 6: inicia o corpo da página HTML
- Linhas 7-8-9: escreve "Pagina funcionando com sucesso" com alinhamento centralizado
- Linha 10: pula linha na página
- Linha 11: pula linha na página
- Linha 12-13-14: escreve "Seja bem-vindo ao mundo da IoT" com formatação de tamanho, fonte e cor da letra.
- Linha 15: fim do corpo da página HTML
- Linha 16: fim do documento HTML

Após digitar o código, siga os passos abaixo:

1 Salve o arquivo com o nome: **index** e extensão **.html**
2 Crie uma nova pasta com o nome: **teste_1**
3 Cole o arquivo index.html dentro da nova pasta.

Agora precisamos colar essa nova pasta no local que o XAMPP acessará para poder carregá-la.

Para isso, garanta que o módulo apache no XAMPP esteja parado e, na sequência, clique no botão Explorer do XAMPP, conforme a figura 21.48.

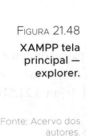

Figura 21.48
XAMPP tela principal — explorer.

Fonte: Acervo dos autores.

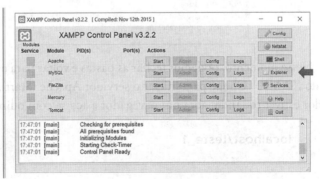

Nesse momento, o diretório onde o XAMPP foi instalado será aberto (Figura 21.49).

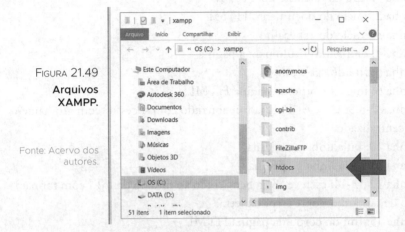

FIGURA 21.49
Arquivos XAMPP.

Fonte: Acervo dos autores.

Procure e abra a pasta **htdocs** para colar a pasta que criamos, **teste_1**, contendo o arquivo em html (Figura 21.50).

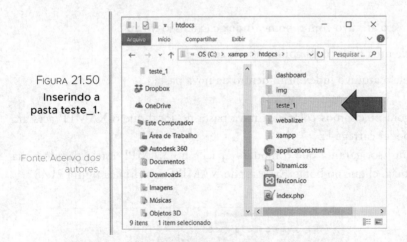

FIGURA 21.50
Inserindo a pasta teste_1.

Fonte: Acervo dos autores.

Nesse momento, podemos fechar as pastas e voltar para o painel de controle do XAMPP. Clique para iniciar o servidor Apache (Start). Assim que o servidor estiver rodando, abra um navegador e acesse com o link (Figura 21.51):

localhost/teste_1

Veja que iniciamos com localhost e, na sequência, colocamos o nome da pasta que inserimos no XAMPP.

Figura 21.51
Teste de acesso.

Fonte: Acervo dos autores.

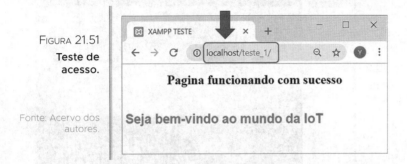

Outra forma de acesso é utilizando o IP de seu computador. Para isso, você pode entrar no Prompt de Comando (cmd) e digitar **ipconfig** e clicar em Enter (Figura 21.52). Serão listadas as configurações dos adaptadores de rede do seu computador. Outra opção é entrar diretamente nas configurações de rede do seu PC.

CURIOSIDADES

É importante saber se o IP de seu computador é estático (fixo) ou dinâmico. Caso seja dinâmico, ele pode ser alterado pelo roteador, e, quando ligar a máquina novamente, ela pode estar com um novo IP. Para garantir que isso não ocorra, configure seu IP para estático.

Outra maneira é vincular o MAC *Adress* (MAC: *Media Access Control*) de sua máquina a um IP nas configurações do roteador. Dessa forma, placa de rede com o MAC cadastrado sempre terá um IP reservado.

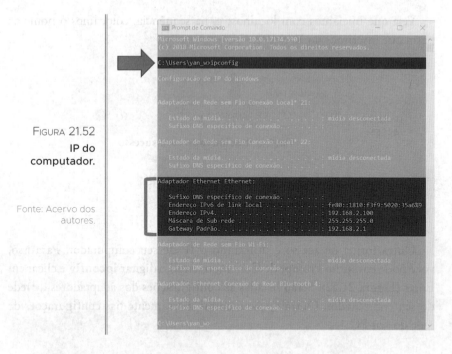

FIGURA 21.52
IP do computador.

Fonte: Acervo dos autores.

Conforme a figura acima, podemos concluir que o endereço IP da máquina com o adaptador ethernet (via cabo) é o 192.168.2.100.

Sendo assim, podemos acessar também com o link (figura 21.53):

192.168.2.100/teste_1

Iniciamos com o IP da máquina seguido do nome da pasta onde está nossa aplicação.

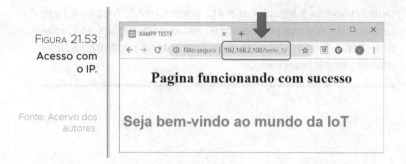

FIGURA 21.53
Acesso com o IP.

Fonte: Acervo dos autores.

Todos os dispositivos que estiverem conectados nessa rede podem acessar a aplicação pelo link da Figura 21.47.

PLATAFORMA ARDUINO E SERVIDOR WEB

Veja abaixo um smartphone conectado via WiFi na mesma rede em que está o computador rodando a aplicação (Figura 21.54). É possível realizar o acesso local utilizando o IP de destino.

FIGURA 21.54
Acesso com smartphone.

Fonte: Acervo dos autores.

21.5 ACESSANDO UMA PÁGINA WEB PELA INTERNET UTILIZANDO O XAMPP

Agora que já sabemos como acessar uma página web local, queremos realizar um acesso externo, utilizando a internet, podendo estar conectado a qualquer rede do mundo. Para isso, vamos usar os conhecimentos adquiridos para dar sequência em nossos estudos. Nosso próximo passo é realizar algumas configurações no roteador e no XAMPP.

Nesse momento, vamos conectar nosso roteador (A) a um modem (C) com acesso à internet (Figura 21.55).

FIGURA 21.55
Roteador, notebook e modem.

Fonte: Acervo dos autores.

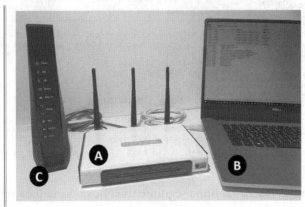

O item B na imagem é o notebook que está fazendo o papel de servidor para nossa aplicação, que está conectado ao roteador (A).

No XAMPP, vamos clicar em "Config" e, na sequência, clicar para abrir o arquivo Apache (httd.conf), conforme a Figura 21.56.

195

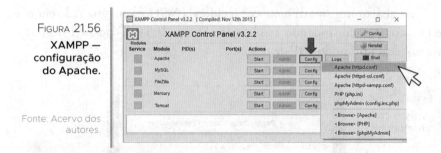

Figura 21.56
XAMPP — configuração do Apache.

Fonte: Acervo dos autores.

Nesse momento, o Notepad++ abrirá o arquivo "httd.conf". Procure pela linha que contém o conteúdo:

Listen 80

Para facilitar essa busca, é possível utilizar o atalho no telhado com as teclas Ctrl+F.

A Figura 21.57 mostra que o conteúdo foi encontrado na linha 60, sendo que isso não garante que esse conteúdo estará sempre nessa linha — isso pode variar em outras versões do XAMPP.

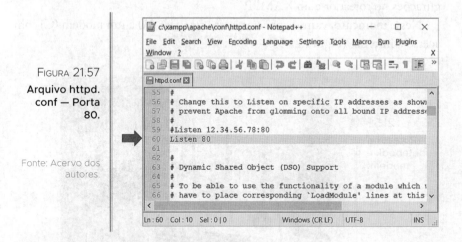

Figura 21.57
Arquivo httpd. conf — Porta 80.

Fonte: Acervo dos autores.

Vamos inserir na linha seguinte uma nova porta para termos um meio de acesso externo ao computador que está rodando nossa aplicação. Para esse exemplo utilizaremos a porta **8090**, conforme Figura 21.58.

Listen 8090

PLATAFORMA ARDUINO E SERVIDOR WEB

Figura 21.58
Arquivo httpd.
conf — Porta
8090.

Fonte: Acervo dos
autores.

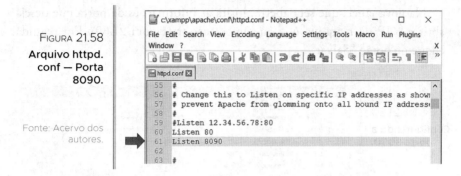

Após adicionar a porta, salve o arquivo e feche o Notepad++.

CURIOSIDADES

Algumas portas são de uso comum e devem ser evitadas.

Veja alguns exemplos:

• Porta 80 → HTTP

• Porta 21 → FTP

Verifique se a porta que for utilizar já não é de uso comum.

O próximo passo é e abrir a porta do roteador que definimos como 8090. Para isso, entre novamente nas configurações do roteador. Acesse o menu: Redirecionamento de Portas → Servidores Virtuais (Figura 21.59). Clique em "Adicionar".

Figura 21.59
Redirecionamento
de portas.

Fonte: Acervo dos
autores.

197

Na nova janela que será aberta, insira as informações da porta que deseja abrir e o IP da máquina que queremos acessar (Figura 21.60). Em seguida clique no botão "Salvar".

Figura 21.60
Configurando a porta 8090.

Fonte: Acervo dos autores.

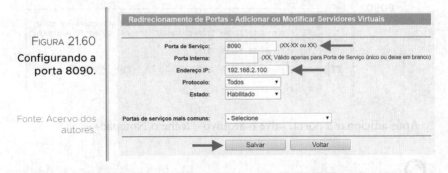

A Figura 21.61 mostra que aporta foi adicionada com sucesso.

Figura 21.61
Porta adicionada.

Fonte: Acervo dos autores.

Com a porta 8090 aberta para o IP do nosso computador, o próximo passo é iniciar o módulo Apache, para que a porta seja iniciada e o roteador possa identificá-la quando o servidor for acessado externamente. A Figura 21.62 mostra que a porta 8090 está em funcionamento no XAMPP.

Figura 21.62
Porta 8090 rodando no XAMPP.

Fonte: Acervo dos autores.

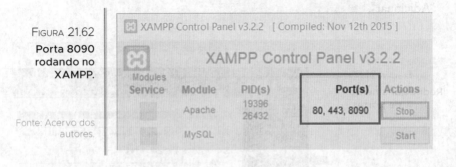

Nosso próximo passo é verificar se a porta que foi aberta está sendo acessada externamente. Para isso, podemos realizar um teste acessando o site (Figura 21.63):

https://www.yougetsignal.com/tools/open-ports/

Obs: é importante garantir que nosso computador esteja com acesso à internet.

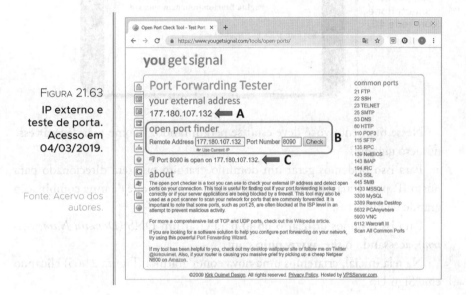

FIGURA 21.63
IP externo e teste de porta.
Acesso em 04/03/2019.

Fonte: Acervo dos autores.

Quando abrimos o site, ele busca nosso endereço IP externo, que é o item A. Os dados para teste são inseridos nos campos do item B, sendo necessário inserir os dados de IP e da porta que queremos testar. Com os dados preenchidos, basta clicar no botão "Check". Nesse momento, o campo do item C nos trará uma mensagem dizendo se a porta testada está aberta ou fechada. Na Figura 21.63 podemos ver que nossa porta está aberta. Lembre-se de que é muito importante que o módulo Apache esteja rodando nesse momento, pois, se não estiver, o teste mostrará que a porta testada está fechada.

Com tudo funcionando, podemos acessar nossa página a partir de qualquer local do mundo com acesso à internet, utilizando computadores, tablets ou smartphones.

Para isso, devemos utilizar o link:

177.180.107.132:8090/teste_1

Iniciamos com o IP externo da nossa rede, seguido da porta de acesso para o servidor e, por fim, o nome da pasta onde está nossa aplicação. A Figura 21.64 mostra um smartphone acessando nossa página de teste — o aparelho está conectado na internet através dos dados móveis 4G de uma operadora.

Figura 21.64
Acesso pelo smartphone com rede 4G.

Fonte: Acervo dos autores.

Nesse momento você deve estar se perguntando: "Como vou decorar esse número gigante?"

Para isso podemos gerar um domínio gratuito que será direcionado para nosso IP, pois é mais fácil se lembrar de um nome do que de uma combinação grande de números.

Para isso, vamos utilizar o no-ip para criar um DNS (*Domain Name System*), acessando o site: **www.noip.com**.

Na tela inicial, criaremos uma nova conta gratuita (Figura 21.65) clicando em "Sign Up".

Figura 21.65
NO-IP. Acesso em 04/03/2019.

Fonte: Acervo dos autores.

Uma nova janela será aberta para criar uma conta no site No-IP (Figura 21.66). Insira um e-mail válido e crie uma senha para acessar a conta.

É muito importante selecionar a opção para criar o *hostname* mais tarde.

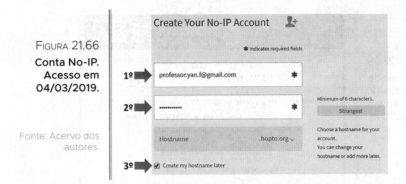

FIGURA 21.66
Conta No-IP.
Acesso em
04/03/2019.

Fonte: Acervo dos autores.

A conta que estamos criando é gratuita e, dessa forma, deve ser validada a cada 30 dias através de um e-mail que você receberá todo mês. Também existe a opção de pagar uma anuidade, que traz alguns benefícios adicionais, sendo um deles não ter que ficar validando a conta mensalmente.

No final da página, aceite os termos de serviço e clique em "Free Sign Up" (Figura 21.67).

FIGURA 21.67
Termos de serviço No-IP.
Acesso em
04/03/2019.

Fonte: Acervo dos autores.

Dando sequência às configurações do DNS, se todos os dados foram preenchidos corretamente, um e-mail de confirmação será enviado para o endereço eletrônico utilizado no cadastro. Faça login no seu e-mail e verifique sua caixa de entrada. Abra o e-mail e clique em "Confirm Account", conforme a Figura 21.68.

FIGURA 21.68
**Confirmando conta No-IP.
Acesso em 04/03/2019.**

Fonte: Acervo dos autores.

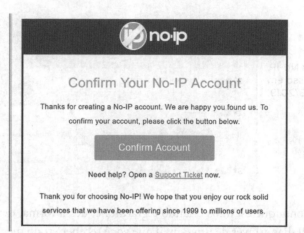

Se tudo tiver dado certo, você será direcionado para sua conta no site No-
-IP, e será exibida uma mensagem de que a conta foi ativada. Nesse momento,
você já pode acessá-la em **https://www.noip.com/login** (Figura 21.69).

FIGURA 21.69
**Login no-ip.
Acesso em 04/03/2019.**

Fonte: Acervo dos autores.

Entre com seus dados de acesso e clique em "Log in".
Ao entrar na conta pela primeira vez, você verá que não criou nenhum *hostname*. Sendo assim, clique em "Active", como mostra a seta na Figura 21.70.

FIGURA 21.70
**Painel de Instrumentos.
Acesso em 04/03/2019.**

Fonte: Acervo dos autores.

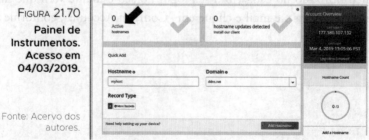

Na nova página que será aberta, clique em "Create Hostname" (Figura 21.71).

FIGURA 21.71
Página com a lista dos hostnames vazia. Acesso em 04/03/2019.

Fonte: Acervo dos autores.

A janela de configurações será aberta, conforme a Figura 21.72.

FIGURA 21.72
Criando um novo hostname. Acesso em 04/03/2019.

Fonte: Acervo dos autores.

Nesse momento, você deve escolher um *hostname* que ainda não esteja sendo utilizado. Caso escolha um nome que já está em uso, o próprio site emitirá um alerta. Na sequência, escolha um domínio gratuito.

Nome de Host: iotprojetos

Domínio: sytes.net

Selecione o tipo de registro e insira a URL.

URL: 177.180.107.132:8090/teste_1

A URL (*Uniform Resource Locator*) que foi inserida se inicia com o IP externo da nossa rede, seguido da porta de acesso para o servidor e, por fim, o nome da pasta onde está nossa aplicação. Para confirmar clique em "Creat Hostname". O *hostname* criado será exibido na lista anterior.

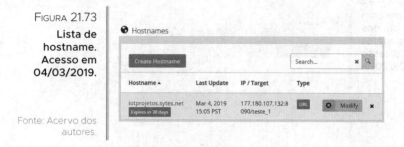

Figura 21.73
Lista de hostname. Acesso em 04/03/2019.

Fonte: Acervo dos autores.

Para concluir o cadastro, clique nas configurações da sua conta No-IP e insira um nome para a conta, conforme a Figura 21.74.

Figura 21.74
Cadastro de conta. Acesso em 04/03/2019.

Fonte: Acervo dos autores.

Username: ioteletrica

Com a conta No-IP configurada, o próximo passo é configurar o DNS no roteador.

Para isso, entre nas configurações do roteador e acesse a aba "DNS Dinâmico", como mostra a Figura 21.75.

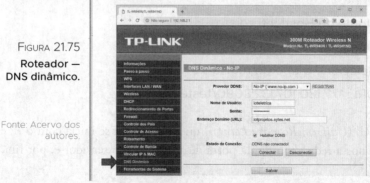

Figura 21.75
Roteador — DNS dinâmico.

Fonte: Acervo dos autores.

Insira os dados da sua conta No-IP, como mostra a Figura 21.76. Em seguida, clique em "Conectar".

Figura 21.76
Roteador com DNS dinâmico — No-IP.

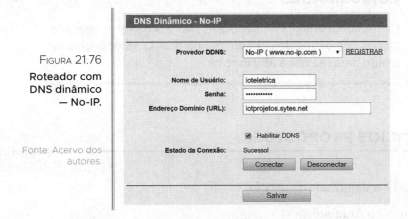

Fonte: Acervo dos autores.

A Figura 21.76 mostra que o estado da conexão foi realizado com sucesso.

Nesse momento, com o servidor Apache rodando, o roteador configurado e com acesso à internet, é possível verificar a página de teste utilizando o *hostname* que criamos no site No-IP.

Para isso, basta acessar o link: **http://iotprojetos.sytes.net** de qualquer computador ou smartphone que esteja conectado à internet no muno todo (Figura 21.77).

Figura 21.77
Utilizando o hostname.

Fonte: Acervo dos autores.

Agora que você já tem os conhecimentos necessários para realizar o acesso de uma página web na rede local ou pela internet, conhece a plataforma Arduino e seus módulos, chegou o momento de juntarmos o que foi aprendido para montar alguns projetos. Bons estudos e boa sorte com seus projetos!

CURIOSIDADES

Com a conta gratuita no site No-IP, não é possível realizar alterações dos dados de DNS em tempo real. O sistema gera um tempo para realizar a atualização.

EXERCÍCIOS PROPOSTOS:

1. Qual é o significado da sigla IoT?
2. O que é o Arduino?
3. Quantos pinos de entrada analógica contém a placa Arduino Uno?
4. Além do conector P4 da placa Arduino Uno, qual outro método podemos utilizar para energizar a placa?
5. Qual pino digital da placa arduino está dedicado a um LED para testes na própria placa?
6. Qual é a função do ethernet shield?
7. Explique a diferença entre uma rede local e uma rede externa.
8. Como é chamado o número que diferencia os equipamentos de rede?

DESENVOLVIMENTO DOS PROJETOS IOT 22

Chegou o momento de integramos nossos conhecimentos da área elétrica ao Arduino e seus módulos, realizando o controle de alguns equipamentos pela internet. O primeiro projeto deste capítulo, além de explicar como realizar a montagem, detalha os códigos para que você, estudante, possa entender um pouco mais a fundo as linguagens de programação. Bons estudos!

22.1 PROJETO 01 — ACIONAMENTO DE LÂMPADAS PELA REDE LOCAL OU PELA INTERNET

Neste projeto, realizaremos o acionamento de uma lâmpada em tensão alternada com a placa Arduino. O acionamento pode ser realizado pela rede local ou pela internet através de um roteador.

22.1.1 MATERIAL PARA O PROJETO

- 1 un. Arduino Uno;
- 1 un. cabo USB A/USB B;
- 1 un. ethernet shield (controlador W5500);
- 1 un. fonte chaveada 9Vcc 1A;
- 1 un. receptáculo E27;
- 1 un. lâmpada 127v 100w — e27 (LED/fluorescente compacta ou incandescente/halógena);
- 1 un. módulo relé de 1 canal;
- 1 un. roteador;

- 1 un. modem com acesso à internet;
- 3 un. cabo de rede;
- 3 un. cabo jumper macho x fêmea;
- 1 un. plugue macho 10A 2P ou 2P+T;
- 3m cabo flexível 1,5mm².

22.1.2 Montagem do hardware

A Figura 22.1 mostra a montagem do hardware do projeto 01.

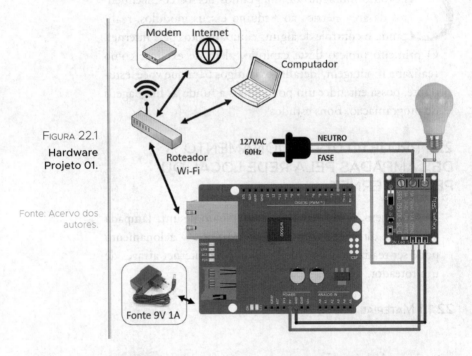

FIGURA 22.1
Hardware Projeto 01.

Fonte: Acervo dos autores.

É muito importante saber qual é o cabo correto para utilizar em cada parte do projeto. Dessa forma, vamos realizar a montagem por partes.

Primeiro, encaixe o ethernet shield na placa Arduino Uno, como mostra a Figura 22.2.

DESENVOLVIMENTO DOS PROJETOS IOT

Figura 22.2
Encaixando o ethernet shield na placa Arduino Uno.

Fonte: Acervo dos autores.

Na sequência, conecte os três cabos jumper macho x fêmea do ethernet shield até o módulo relé (Figura 22.3). As cores dos cabos não influenciam no funcionamento do projeto, são apenas para seguir uma padronização.

Podemos analisar que o shield relé recebe alimentação de 5Vcc (positivo e negativo) e seu pino para acionamento está conectado ao pino digital 2 do ethernet shield que, por sua vez, está interligado com o pino digital 2 da placa Arduino Uno.

Figura 22.3
Conectando o ethernet shield com módulo relé.

Fonte: Acervo dos autores.

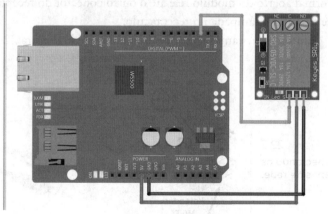

Nosso próximo passo é ligar a parte da carga do projeto (Figura 22.4), que, neste caso, é a lâmpada. Para isso, vamos utilizar cabo flexível de 1,5mm².

209

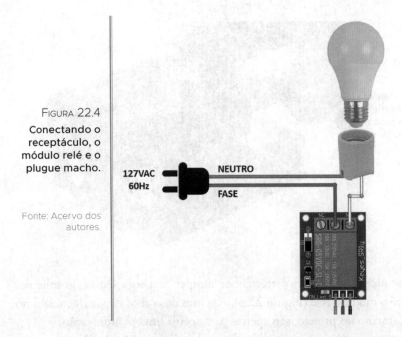

Figura 22.4
Conectando o receptáculo, o módulo relé e o plugue macho.

Fonte: Acervo dos autores.

Estamos utilizando apenas dois contatos do relé: o comum e o normal aberto. Um cabo é ligado diretamente de um pino do plugue macho até o receptáculo. O outro cabo vai do segundo pino do plugue macho até o contato comum do módulo relé. O terceiro cabo é o retorno, que sai do contato normal aberto do módulo relé até o outro conector do receptáculo. Lembre-se de rosquear a lâmpada no receptáculo.

Em seguida, vamos conectar os cabos de rede (Figura 22.5).

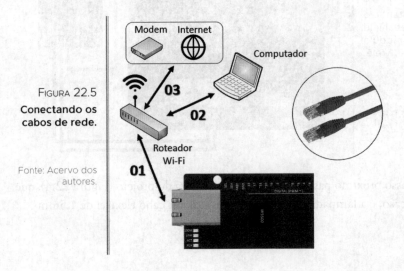

Figura 22.5
Conectando os cabos de rede.

Fonte: Acervo dos autores.

- Cabo de rede 01: conecta o ethernet shield ao roteador.
- Cabo de rede 02: conecta um computador (servidor da aplicação) ao roteador. Obs: essa conexão pode ser realizada pela rede wireless do roteador.
- Cabo de rede 03: conecta o roteador ao modem com acesso à internet. Conecte o plugue da fonte do Arduino Uno no plugue P4 (Figura 22.6).

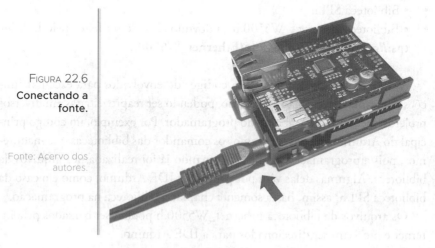

FIGURA 22.6
Conectando a fonte.

Fonte: Acervo dos autores.

Agora, garanta que o roteador, o modem e a fonte do Arduino estejam conectados na energia elétrica. A Figura 22.7 mostra o sistema montado.

FIGURA 22.7
Hardware Projeto 01 — montagem física.

Fonte: Acervo dos autores.

22.1.3 Código na IDE Arduino

Agora que já temos o hardware montado, chegou o momento de nos empenharmos na programação e gravação do firmware do Arduino.

Neste código, utilizaremos duas bibliotecas:

- • Biblioteca SPI.h
- • Biblioteca Ethernet_W5500.h (o download pode ser feito pelo link **https://github.com/RoboCore/Ethernet_W5500**).

As bibliotecas são arquivos com códigos desenvolvidos para executar funções para uma determinada aplicação, podendo ser reaproveitadas em diversos projetos, facilitando o trabalho do programador. Por exemplo, no código principal do Arduino, apenas utilizamos os comandos das bibliotecas que incluiremos, pois a programação para cada comando já foi realizada nos arquivos da biblioteca. Algumas delas vêm por padrão na IDE Arduino, como é o caso da biblioteca SPI.h, assim, basta somente chamar a biblioteca na programação.

Os arquivos da biblioteca Ethernet_W5500.h podem ser baixados pela internet e precisam ser direcionados para a IDE Arduino.

Para isso, vamos conhecer duas formas:

- Opção 01: salvar os arquivos da biblioteca no diretório: Documentos → Arduino → Libraries (Figura 22.8).

FIGURA 22.8
Diretório das bibliotecas.

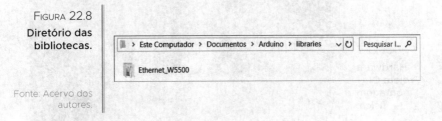

Fonte: Acervo dos autores.

- Opção 02: outra forma é ter o arquivo da biblioteca compactado e adicioná-lo diretamente pela IDE Arduino clicando em Sketch → Incluir Biblioteca → Adicionar biblioteca .ZIP (Figura 22.9).

DESENVOLVIMENTO DOS PROJETOS IOT

FIGURA 22.9
Incluindo
bibliotecas.

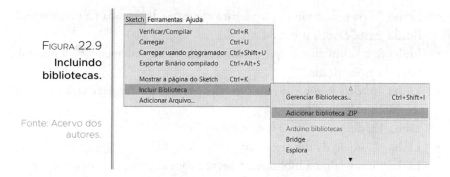

Fonte: Acervo dos
autores.

Agora que já temos as bibliotecas, chegou o momento de digitar o código conforme a Figura 22.10, com as configurações iniciais e os comandos da função void setup.

Temos que nos atentar para as linhas 4 e 5 do código. Na linha 4 temos a configuração do MAC Adrress do ethernet shield, sendo que esse número é diferente para cada placa; portanto, atualize esses valores no código utilizando o MAC do seu módulo. Já na linha 5 temos a configuração do IP da placa, sendo que esse número também é configurável de acordo com o padrão da rede que você estiver utilizando.

FIGURA 22.10
Código Arduino
Projeto 01 —
Parte 1/2.

Fonte: Acervo dos
autores.

```
1 #include <SPI.h>
2 #include <Ethernet_W5500.h>
3
4 byte mac[] = { 0x70, 0xB3, 0xD5, 0x0A, 0xC0, 0x0D };
5 byte ip[] = { 192, 168, 2, 40 };
6
7 EthernetServer server(84);
8 EthernetClient client;
9
10 String leString;
11
12 #define rele 2
13
14 void setup() {
15   Ethernet.begin(mac, ip);
16   server.begin();
17   pinMode(rele, OUTPUT);
18   digitalWrite(rele, LOW);
19 }
```

- Linha 1: inclui a biblioteca de comunicação SPI.
- Linha 2: inclui a biblioteca para o controlador W5500 do ethernet shield.
- Linha 4: define o endereço MAC da placa ethernet shield.
- Linha 5: define um endereço IP para a placa.

213

INSTALAÇÃO RESIDENCIAL APLICADA À IoT

- Linha 7: cria um servidor que verifica conexões de entrada na porta especificada, neste caso, a porta 84.
- Linha 8: cria um cliente que pode se conectar ao endereço IP e à porta da internet especificada.
- Linha 10: define uma variável do tipo string, que armazenará os dados recebidos pelo servidor.
- Linha 12: define o pino 2 com o nome "rele".
- Linha 14: início da função setup.
- Linha 15: inicializa a biblioteca ethernet com as configurações de rede.
- Linha 16: inicia o servidor.
- Linha 17: configura o pino 2 "rele" como saída.
- Linha 18: envia nível lógico baixo para o pino 2 "rele".
- Linha 19: fim da função setup.

Na Figura 22.11, programaremos a lógica da função loop.

Utilizaremos alguns comandos da biblioteca Ethernet_W5500.h para verificar se o ethernet shield recebeu algum dado da rede. Se alguma informação tiver chegado, ela será lida e armazenada e, na sequência, será verificado se o dado recebido é para ativar ou desativar o relé, podendo ainda ser um valor falso que não mudará o estado do relé.

Figura 22.11

Código Arduino — Projeto 01 – Parte 2/2.

Fonte: Acervo dos autores.

```
20
21 void loop() {
22   client = server.available();
23   if (client) {
24     while (client.connected()) {
25       if (client.available()) {
26         char c = client.read();
27
28         if (leString.length() < 100) {
29           leString += c;
30         }
31       }
32     }
33     if (leString == "2") {
34       digitalWrite(rele, HIGH);
35     }
36     if (leString == "4") {
37       digitalWrite(rele, LOW);
38     }
39   }
40   leString = "";
41   client.stop();
42 }
```

- Linha 21: início da função loop.
- Linha 22: obtém um cliente que está conectado ao servidor.
- Linha 23: verifica se existe cliente.
- Linha 24: inicia uma estrutura de repetição. Enquanto o cliente estiver conectado.
- Linha 25: verifica se chegou algum dado para leitura.
- Linha 26: faz a leitura do caractere recebido do servidor ao qual o cliente está conectado e armazena na variável 'c'.
- Linha 28: verifica se o tamanho da variável do tipo string não passou de 100 posições (0 a 99). Se for menor que 100, entra na estrutura if.
- Linha 29: concatena os caracteres lidos pela variável 'c' na variável "leString".
- Linha 30: finaliza essa estrutura condicional que se iniciou na linha 28.
- Linha 31: finaliza a estrutura condicional que se iniciou na linha 25.
- Linha 32: finaliza a estrutura de repetição que se iniciou na 24.
- Linha 33: verifica se o valor da memória "leString" é igual a "2".
- Linha 34: vnvia nível lógico alto para o pino 2 da placa Arduino, ligando o relé.
- Linha 35: finaliza a estrutura condicional que se iniciou na linha 33.
- Linha 36: verifica se o valor da memória "leString" é igual a "4".
- Linha 37: envia nível lógico baixo para o pino 2 da placa Arduino, desligando o relé.
- Linha 38: finaliza a estrutura condicional que se iniciou na linha 36.
- Linha 39: finaliza a estrutura condicional que se iniciou na linha 23.
- Linha 40: limpa a variável "leString".
- Linha 41: desconecta o servidor.
- Linha 42: fim da função loop.

Agora que já temos o código pronto e comentado, podemos conectar um cabo USB ao computador e realizar a gravação na placa Arduino.

22.1.4 Código HTML e PHP

Nossa próxima etapa é escrever o código para a página web utilizando a linguagem HTML.

Para isso, abra o Notepad++, configure a linguagem para HTML pelo menu "Language" e digite o código como mostram as Figuras 22.12 e 22.13.

INSTALAÇÃO RESIDENCIAL APLICADA À IoT

FIGURA 22.12
**Código HTML
— Projeto 01 —
Parte 1/2.**

Fonte: Acervo dos
autores.

```
1   <!DOCTYPE html>
2   <html>
3   <head>
4       <title> PROJ_01 </title>
5
6       <style>
7       .body
8       {
9           text-align: center;
10          font-weight: bold;
11          font-size: 20px;
12      }
13
14      .botaoON
15      {
16          width: 200px;
17          height: 50px;
18          margin-top: 20px;
19          margin-left: 20px;
20          font-size: 30px;
21          color: green;
22          font-weight: lighter;
23      }
24
25      .botaoOFF
26      {
27          width: 200px;
28          height: 50px;
29          margin-top: 20px;
30          margin-left: 20px;
31          font-size: 30px;
32          color: red;
33          font-weight: lighter;
34      }
35
36      h2
37      {
38          font-weight: bold;
39      }
40      </style>
41
42  </head>
```

Nessa parte do código iniciamos o documento HTML, incluímos um título para página e criamos a Tag <style> utilizada para o alinhamento e padronização dos botões.

Na sequência, veremos a parte do código responsável por criar os botões e enviar os valores de acionamento para o arquivo PHP.

216

DESENVOLVIMENTO DOS PROJETOS IOT

Figura 22.13

Código HTML
— Projeto 01 —
Parte 2/2.

Fonte: Acervo dos
autores.

```html
43  <body>
44      <div class="body">
45          <h2>LUZ</h2>
46
47          <!-- BOTÃO LIGA -->
48          <form method="POST" action="Proj_01_v1.php">
49          <p><button class="botaoON" type="submit"
50          value="l_ligada" name="estadoLuz">Liga</button>
51          </p>
52          </form>
53
54          <!-- BOTÃO DESLIGA -->
55          <form method="POST" action="Proj_01_v1.php">
56          <p><button class="botaoOFF" type="submit"
57          value="l_desligada" name="estadoLuz">Desliga</button>
58          </p>
59          </form>
60
61          <br /> <!-- PULA LINHA -->
62          <br /> <!-- PULA LINHA -->
63
64          ELETRICA - IoT
65
66      </div>
67  </body>
```

É importante verificar os comandos HTML, pois alguns valores serão repassados para o código PHP, como é o caso dos valores do botão "liga" e do botão "desliga". Para realizar essa troca de informações, utilizaremos em nossos projetos o método POST.

Após digitar o código HTML, siga os passos abaixo:

1 Salve o arquivo com o nome: **index** e extensão **.html**

2 Crie uma nova pasta com o nome: **proj_01**

3 Cole o arquivo index.html dentro da nova pasta.

Agora vamos iniciar o código PHP. Para isso, devemos iniciar um novo projeto no Notepad++, configurando a linguagem para PHP. Digite o código como mostra a Figura 22.14.

Figura 22.14

Código PHP —
Projeto 01.

Fonte: Acervo dos
autores.

```php
1   <?php
2
3   $sock = socket_create(AF_INET, SOCK_STREAM, SOL_TCP);
4
5   socket_connect($sock,"192.168.2.40", 84);
6
7   if ($_SERVER['REQUEST_METHOD'] == 'POST') {
8
9       if ($_POST['estadoLuz']=="l_ligada")
10      {
11          socket_write($sock, "2");
12      }
13
14      if ($_POST['estadoLuz']=="l_desligada")
15      {
16          socket_write($sock, "4");
17      }
18  }
19
20  header("Location: index.html");
21
22  socket_close($sock);
23  ?>
```

No código em PHP, estamos criando um socket para enviar as informações para nosso cliente, que é o ethernet shield.

- Linha 1: início do documento PHP.
- Linha 3: $sock é uma variável declarada para criação do socket.
- socket_create — função nativa do PHP para habilitar o novo socket.
- Linha 5: socket_connect — função que conectará o web socket desenvolvido em PHP ao ethernet shield. Nessa função, inserimos o IP e a porta do nosso shield.
- Linhas 7 até 18: estrutura de condicional que receberá as requisições da interface web (index.html) e associará com o parâmetro do $_POST ['estadoLuz'].

  Se pressionar o botão "Liga", será recebido "l_ligada".

  Se pressionar o botão "Desliga", será recebido "l_desligada".

- Linha 11: envia o valor "2" para o ethernet shield.
- Linha 16: envia o valor "4" para o ethernet shield.
- Linha 20: função nativa do PHP que retorna a página index.html após acionamento dos botões. Nesse caso, podemos entender como se fosse uma atualização da página. Poderíamos, por exemplo, abrir uma outra página após pressionar algum botão.
- Linha 21: função nativa do PHP que encerra a conexão com o socket.

Após digitar o código PHP, siga os passos abaixo:

1 Salve o arquivo com o nome: **Proj_01_v1** e extensão **.php**

2 Muita atenção, pois o nome desse arquivo está sendo utilizado no código HTML (Figura 22.13) e deve ser idêntico nos dois âmbitos.

3 Cole o arquivo Proj_01_v1.php dentro da pasta **proj_01**, junto com o arquivo HTML.

22.1.5 Configuração do roteador

O roteador deve estar configurado conforme aprendemos no Capítulo 21, estando com acesso à internet e com a porta de acesso ao servidor aberta.

22.1.6 Configuração do servidor

Agora precisamos direcionar a pasta **proj_01** para o diretório do XAMPP.

Para isso, garanta que o módulo apache no XAMPP esteja parado e na sequência clique no botão Explorer do XAMPP.

Procure e abra a pasta **htdocs** para colar a pasta que criamos **proj_01** (Figura 22.15) contendo os arquivos HTML e PHP (Figura 22.16).

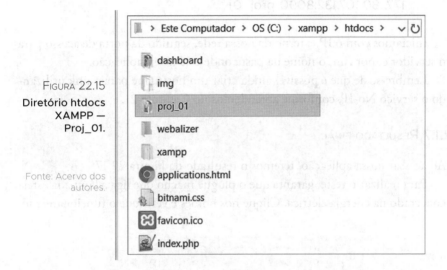

FIGURA 22.15
Diretório htdocs XAMPP — Proj_01.

Fonte: Acervo dos autores.

FIGURA 22.16
Arquivos HTML e PHP — Projeto 01.

Fonte: Acervo dos autores.

No painel de controle do XAMPP, clique para iniciar o servidor Apache (Start). Assim que o servidor estiver rodando, abra um navegador no servidor e acesse com o link:

localhost/proj_01

Também podemos acessar de qualquer dispositivo conectado à rede local utilizando o IP do servidor:

192.168.2.100/proj_01

Iniciamos com o IP da máquina seguido do nome da pasta onde está nossa aplicação.

Outra forma de acesso é pela rede externa. Para isso, devemos utilizar o link:

177.180.107.132:8090/proj_01

Iniciamos com o IP externo da nossa rede, seguido da porta de acesso para o servidor e, por fim, o nome da pasta onde está nossa aplicação.

Lembre-se de que é possível ainda criar um hostname para o link utilizando o serviço No-IP, conforme aprendemos no Capítulo 21.

22.1.7 Resultado final

Ao acessar nossa aplicação, teremos o resultado da Figura 22.17.

Para realizar o teste, garanta que o plugue macho que liga a lâmpada esteja conectado na energia elétrica. Clique nos botões e verifique o funcionamento.

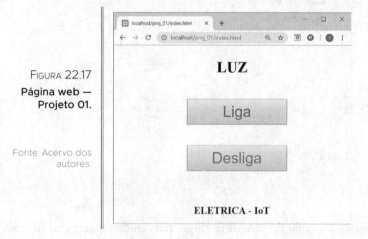

Figura 22.17
Página web — Projeto 01.

Fonte: Acervo dos autores.

Caso não esteja funcionando, verifique se não pulou nenhum passo descrito no projeto e se:

- Há conexão com a internet;
- As portas de acesso estão abertas;
- O endereço MAC está de acordo com seu shield;

DESENVOLVIMENTO DOS PROJETOS IOT

- A rede foi configurada corretamente.
- Os códigos foram digitados corretamente, visto que uma simples diferença no tamanho de uma letra (maiúscula/minúscula) pode gerar erro.

Neste projeto, inserimos apenas uma lâmpada, mas ele pode ser alterado facilmente para incluir quantas lâmpadas forem necessárias para a sua aplicação — lembrando que, além do software, teremos uma alteração no hardware, sendo necessário adicionar mais relés.

22.2 PROJETO 02 — ACIONAMENTO DE LÂMPADA COM INTERRUPTOR INTEGRADO COM APLICAÇÃO WEB

Agora que já realizamos o controle de uma lâmpada pela internet, podemos aprimorar nosso projeto. O objetivo neste segundo projeto é manter o acionamento manual pelo interruptor e adicionar a tecnologia de acionamento pela internet. A base é bem parecida com o projeto 01, porém, teremos que realizar algumas alterações no software e no hardware. Vamos lá, mão na massa!

Para iniciar, vamos utilizar o princípio para ligar uma lâmpada com dois interruptores paralelos, porém, um desses interruptores será o módulo relé (Figura 22.18).

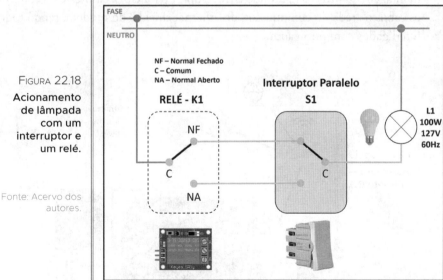

FIGURA 22.18
Acionamento de lâmpada com um interruptor e um relé.

Fonte: Acervo dos autores.

221

22.2.1 Material para o projeto

- 1 un. Arduino Uno;
- 1 un. cabo USB A/USB B;
- 1 un. ethernet shield (controlador W5500);
- 1 un. fonte chaveada 9Vcc 1A;
- 1 un. receptáculo E27;
- 1 un. lâmpada 127v 100w — e27 (LED/fluorescente compacta ou incandescente/halógena);
- 1 un. módulo relé de 1 canal;
- 1 un. roteador;
- 1 un. modem com acesso à internet;
- 3 un. cabo de rede;
- 3 un. cabo jumper macho x fêmea;
- 1 un. interruptor paralelo;
- 4m cabo flexível 1,5mm².

22.2.2 Montagem do hardware

A Figura 22.19 mostra a montagem do hardware do projeto 02. Realize a montagem do projeto incluindo o interruptor paralelo. Lembre-se de conectar os cabos de rede do computador, do ethernet shield e do modem, sendo todos interligados com o roteador.

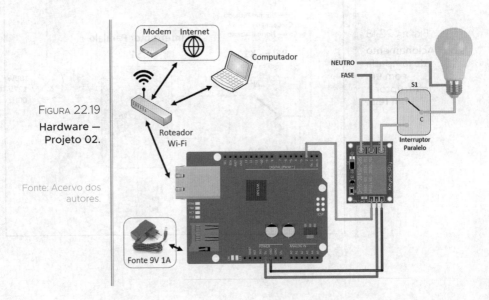

Figura 22.19
Hardware —
Projeto 02.

Fonte: Acervo dos autores.

DESENVOLVIMENTO DOS PROJETOS IOT

Lembre-se de utilizar os cabos de 1,5mm² na parte da carga do projeto e instale o receptáculo para rosquear a lâmpada. A lâmpada será ligada em uma rede 127VAC.

Garanta que o roteador, o modem e a fonte do Arduino estejam conectados na energia elétrica.

22.2.3 Código na IDE Arduino

Com o hardware pronto, podemos nos dedicar à programação e gravação do firmware do Arduino (Figuras 22.20 e 20.21). Garanta que as bibliotecas abaixo estejam adicionadas na IDE. Para mais informações, veja o Capítulo 22.1.

- Biblioteca SPI.h
- Biblioteca Ethernet_W5500.h (o download pode ser feito pelo link **https://github.com/RoboCore/Ethernet_W5500**).

Figura 22.20
Código Arduino
— Projeto 02 —
Parte 1/2.

Fonte: Acervo dos autores.

```
1  #include <SPI.h>
2  #include <Ethernet_W5500.h>
3
4  byte mac[] = { 0x70, 0xB3, 0xD5, 0x0A, 0xC0, 0x0D };
5  byte ip[] = { 192, 168, 2, 40 };
6
7  EthernetServer server(84);
8  EthernetClient client;
9
10 String leString;
11
12 #define rele 2
13
14 void setup() {
15   Ethernet.begin(mac, ip);
16   server.begin();
17   pinMode(rele, OUTPUT);
18   digitalWrite(rele, LOW);
19 }
```

Figura 22.21

Código Arduino — Projeto 02 — Parte 2/2.

Fonte: Acervo dos autores.

```
20
21 void loop() {
22   client = server.available();
23   if (client) {
24     while (client.connected()) {
25       if (client.available()) {
26         char c = client.read();
27
28         if (leString.length() < 100) {
29           leString += c;
30         }
31       }
32     }
33     if (leString == "x1") {
34       digitalWrite(rele, !digitalRead(rele))
35     }
36   }
37   leString = "";
38   client.stop();
39 }
```

Com o código digitado, conecte o cabo USB no computador na placa Arduino e realize a gravação do firmware.

22.2.4 Código HTML e PHP

Vamos agora abrir o Notepad++ e realizar a programação do código HTML do projeto 02, conforme as Figuras 22.22 e 22.23.

Figura 22.22

Código HTML — Projeto 02 — Parte 1/2.

Fonte: Acervo dos autores.

```
1  <!DOCTYPE html>
2  <html>
3  <head>
4      <title> PROJ_02 </title>
5
6      <style>
7      .body
8      {
9          text-align: center;
10         font-weight: bold;
11         font-size: 20px;
12     }
13
14     .botao
15     {
16         width: 200px;
17         height: 50px;
18         margin-top: 20px;
19         margin-left: 20px;
20         font-size: 30px;
21         color: blue;
22         font-weight: lighter;
23     }
24
25     h2
26     {
27         font-weight: bold;
28     }
29     </style>
30
31 </head>
```

DESENVOLVIMENTO DOS PROJETOS IOT

Nesta primeira parte do código HTML, temos as configurações iniciais para a página web.

FIGURA 22.23

Código HTML — Projeto 02 — Parte 2/2.

Fonte: Acervo dos autores.

```html
32  <body>
33      <div class="body">
34          <h2>PROJETO 02</h2>
35
36          <!-- BOTÃO -->
37          <form method="POST" action="Proj_02_v1.php">
38          <p><button class="botao" type="submit"
39          value="l_ok" name="estadoBTN">LUZ</button>
40          </p>
41          </form>
42
43          <br /> <!-- PULA LINHA -->
44          <br /> <!-- PULA LINHA -->
45
46          ELETRICA - IoT
47
48      </div>
49  </body>
50  </html>
```

Após digitar o código HTML, siga os passos abaixo:

1 Salve o arquivo com o nome: **index** e extensão **.html**;

2 Crie uma nova pasta com o nome: **proj_02**;

3 Cole o arquivo index.html dentro da nova pasta.

O próximo passo é realizar a programação em PHP, conforme a Figura 22.24. Abra um novo arquivo no Notepad++ para digitar o projeto.

FIGURA 22.24

Código PHP — Projeto 02.

Fonte: Acervo dos autores.

```php
1   <?php
2
3   $sock = socket_create(AF_INET, SOCK_STREAM, SOL_TCP);
4
5   socket_connect($sock,"192.168.2.40", 84);
6
7   if ($_SERVER['REQUEST_METHOD'] == 'POST') {
8
9       if ($_POST['estadoBTN']=="l_ok")
10      {
11          socket_write($sock, "x1");
12      }
13  }
14
15  header("Location: index.html");
16
17  socket_close($sock);
18  ?>
```

Após digitar o código PHP, siga os passos abaixo:

1. Salve o arquivo com o nome: **Proj_02_v1** e extensão **.php**

    Muita atenção, pois o nome desse arquivo está sendo utilizado no código HTML (Figura 22.23) e deve ser idêntico nos dois âmbitos.

2. Cole o arquivo Proj_02_v1.php dentro da pasta **proj_02**, junto com o arquivo HTML.

22.2.5 Configuração do roteador

O roteador deve estar configurado conforme aprendemos no Capítulo 21, estando com acesso à internet e com a porta de acesso ao servidor aberta.

22.2.6 Configuração do servidor

Agora precisamos direcionar a pasta **proj_02** para o diretório do XAMPP.

Para isso, garanta que o módulo apache no XAMPP esteja parado e, na sequência, clique no botão Explorer do XAMPP.

Procure e abra a pasta **htdocs** para colar a pasta que criamos **proj_02** (Figura 22.25) contendo os arquivos HTML e PHP.

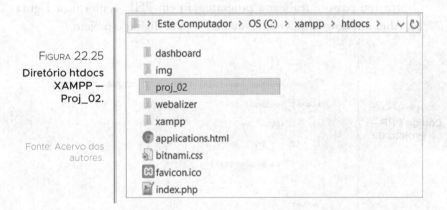

Figura 22.25
Diretório htdocs XAMPP — Proj_02.

Fonte: Acervo dos autores.

No painel de controle do XAMPP, clique para iniciar o servidor Apache (Start). Assim que o servidor estiver rodando, abra um navegador no servidor e acesse com o link:

localhost/proj_02

Também podemos acessar de qualquer dispositivo conectado à rede local utilizando o IP do servidor:

192.168.2.100/proj_02

Iniciamos com o IP da máquina seguido do nome da pasta onde está nossa aplicação.

Outra forma de acesso é pela rede externa. Para isso, devemos utilizar o link:

177.180.107.132:8090/proj_02

Iniciamos com o IP externo da nossa rede, seguido da porta de acesso para o servidor e, por fim, o nome da pasta onde está nossa aplicação.

22.2.7 Resultado final

Ao acessar nossa aplicação, vamos ter o resultado da Figura 22.26.

Figura 22.26
Página web —
Projeto 02.

Fonte: Acervo dos autores.

Para realizar o teste, garanta que o circuito da lâmpada esteja conectado na energia elétrica. Clique no botão do interruptor ou no botão da aplicação web e verifique o funcionamento.

Veja que, diferente do projeto 01, agora só temos um botão que faz o papel de liga e desliga na interface web. Você, eletricista, pode implementar este projeto na sua residência sem ter que comprometer a ligação que já existe, apenas adicionando alguns componentes. Boa sorte!

22.3 PROJETO 03 — CONTROLE DE LUMINOSIDADE

Neste projeto, realizaremos o controle de luminosidade de uma lâmpada incandescente (ou halógena) pela internet. Para isso, utilizaremos alguns módulos eletrônicos que serão conectados ao Arduino para gerenciar o controle da intensidade luminosa. Esse projeto pode ser aplicado em ambientes em que se deseje ter o controle de iluminação ambiente, como, por exemplo, no quarto ou na sala da residência.

22.3.1 Material para o projeto

- 1 un. Arduino Uno;
- 1 un. cabo USB A/USB B;
- 1 un. ethernet shield (controlador W5500);
- 1 un. fonte chaveada 9Vcc 1A;
- 1 un. receptáculo E27;
- 1 un. lâmpada incandescente/halógena 127V 100W — E27;
- 1 un. plugue macho 10A 2P ou 2P+T;
- 1 un. módulo Triac;
- 1 un. módulo Zero Cross;
- 1 un. base board — para Arduino Nano e Bridge Board;
- 1 un. roteador;
- 1 un. modem com acesso à internet;
- 3 un. cabo de rede;
- 4 un. cabo jumper macho x macho;
- 4m cabo flexível 1,5mm².

CURIOSIDADES

Neste projeto não podemos utilizar a lâmpada convencional de LED pois ela contém um circuito eletrônico interno que pode receber tensão na faixa de 90VAC até 230VAC (esses valores podem variar de acordo com o fabricante). Internamente, o circuito regula a tensão de entrada para aquela necessária ao acendimento do LED. Sendo assim, não conseguiremos controlar sua luminosidade.

Os itens Módulo Triac, Módulo Zero Cross e a Base Board podem ser encontrados no site **https://www.eletroshields.com.br**.

22.3.2 Montagem do hardware

A Figura 22.27 mostra a imagem real da montagem do hardware.

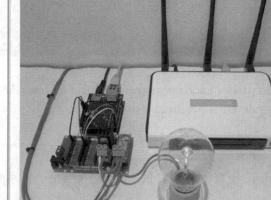

Figura 22.27
Hardware —
Projeto 03.

Fonte: Acervo dos autores.

Vamos entender o passo a passo dessa montagem. Para iniciar, encaixe o módulo Triac e Zero Cross na base board (Figura 22.28).

Figura 22.28
Conectando os módulos na base board.

Fonte: Acervo dos autores.

A base board que estamos utilizando tem quatro slots para encaixe. A Figura 22.29 mostra os pinos do slot 1. Todos os pinos dos quatro slots são interligados.

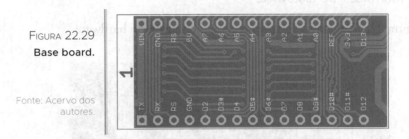

FIGURA 22.29
Base board.

Fonte: Acervo dos autores.

O segundo passo é encaixar o ethernet shield na placa Arduino. As ligações devem ser realizadas como mostra a Figura 22.30.

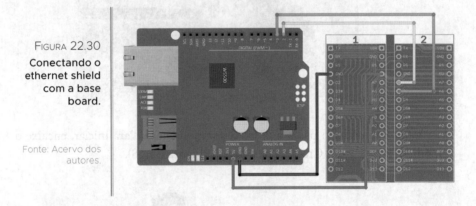

FIGURA 22.30
Conectando o ethernet shield com a base board.

Fonte: Acervo dos autores.

Podemos analisar que conectamos o pino GND do ethernet shield ao pino GND do slot 1. O pino 5V do ethernet shield foi conectado ao pino 5V do slot 1. Já com os pinos de dados, conectamos o pino digital 2 do ethernet shield ao pino D2 do slot 2, responsável pelo controle do módulo Zero Cross. O pino 3 do ethernet shield foi conectado ao pino D3 do slot 2, responsável pelo controle do módulo Triac. Não importa o slot em que conectaremos os pinos ou os módulos, pois, como já foi mencionado, os quatro slots estão interligados.

Os módulos Triac e Zero Cross têm configuração de pinos; dessa forma, precisamos estar atentos para garantir que estão configurados de acordo com nossa necessidade.

A Figura 22.31 mostra que o jumper do módulo Triac está configurado para o pino D3.

FIGURA 22.31
Módulo Triac —
jumper.

Fonte: Acervo dos autores.

A Figura 22.32 mostra que o jumper do módulo Zero Cross está configurado para o pino D2, conforme a seta A. Nesse módulo, para alterar os jumpers, é necessário um ferro de solda e estanho. Por padrão, ele já vem jumpeado para o pino D2.

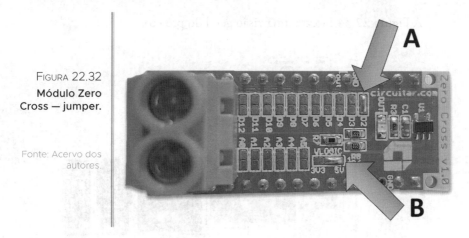

FIGURA 22.32
Módulo Zero
Cross — jumper.

Fonte: Acervo dos autores.

Também podemos alterar a tensão de alimentação do módulo Zero Cross trocando o jumper da seta B. Para nossos projeto, esse jumper deve estar selecionado para 5V.

Nosso próximo passo é conectar os cabos de 1,5mm² para alimentar a lâmpada. Para a montagem, siga as ligações da Figura 22.33. Podemos verificar que os dois cabos de alimentação chegam ao módulo Zero Cross. Realize um bom aperto nos bornes dos módulos evitando que os cabos possam se soltar. Instale o plugue macho e o receptáculo.

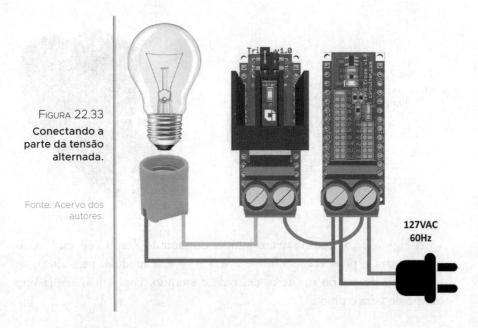

FIGURA 22.33
Conectando a parte da tensão alternada.

Fonte: Acervo dos autores.

A Figura 22.34 mostra uma visão geral do projeto.

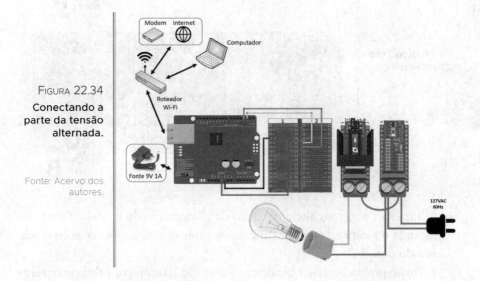

FIGURA 22.34
Conectando a parte da tensão alternada.

Fonte: Acervo dos autores.

Lembre-se de realizar a conexão dos cabos de rede. Por fim, garanta que o roteador, o modem e a fonte do Arduino estejam conectados na energia elétrica.

DESENVOLVIMENTO DOS PROJETOS IOT

22.3.3 Código na IDE Arduino

Nosso próximo passo é fazer a programação do firmware da plataforma Arduino. Escreva o código conforme as Figuras 22.35 e 22.36.

Neste projeto, adicionaremos três bibliotecas:

- • Biblioteca SPI.h
- • Biblioteca Ethernet_W5500.h (o download pode ser feito pelo link **https://github.com/RoboCore/Ethernet_W5500**).
- • Biblioteca Dimmer.h (o download pode ser feito pelo link **https://github.com/circuitar/Dimmer**).

Garanta que as bibliotecas abaixo estejam adicionadas na IDE. Para mais informações, veja o Capítulo 22.1.

Figura 22.35

Código Arduino — Projeto 03 — Parte 1/2.

Fonte: Acervo dos autores.

```
1  #include <SPI.h>
2  #include <Ethernet_W5500.h>
3
4  #include "Dimmer.h"
5
6  Dimmer lamp(3);
7
8  byte mac[] = { 0x70, 0xB3, 0xD5, 0x0A, 0xC0, 0x0D };
9  byte ip[] = { 192, 168, 2, 40 };
10
11 EthernetServer server(84);
12
13 String leString;
14
15 void setup() {
16   Ethernet.begin(mac, ip);
17   server.begin();
18   lamp.begin();
19 }
```

Na linha 4 do código, inserimos a biblioteca Dimmer.h e, na linha 6, definimos um nome e o pino da placa Arduino que conectaremos o módulo Triac.

233

INSTALAÇÃO RESIDENCIAL APLICADA À IoT

FIGURA 22.36

**Código Arduino
— Projeto 03 —
Parte 2/2.**

Fonte: Acervo dos
autores.

```
20
21 void loop() {
22   EthernetClient client = server.available();
23   if (client) {
24     while (client.connected()) {
25       if (client.available()) {
26         char c = client.read();
27
28         if (leString.length() < 100) {
29           leString += c;
30         }
31       }
32     }
33     int valor = leString.toInt();
34     lamp.set(valor);
35   }
36   leString = "";
37   client.stop();
38 }
```

Com o código digitado, podemos realizar a gravação na placa Arduino. Para isso, conecte o cabo USB na placa Arduino a uma porta USB do seu computador e clique no botão para realizar a gravação.

22.3.4 CÓDIGO HTML E PHP

Neste projeto, realizamos a programação HTML e PHP no mesmo arquivo. A programação em HTML foi digitada dentro do arquivo PHP. Abra o Notepad++, configure a linguagem para PHP e realize a programação conforme as Figuras 22.37 e 22.38.

234

DESENVOLVIMENTO DOS PROJETOS IOT

FIGURA 22.37
Código PHP/ HTML — Projeto 03 — Parte 1/2.

Fonte: Acervo dos autores.

```php
1  <?php
2
3  $sock = socket_create(AF_INET, SOCK_STREAM, SOL_TCP);
4
5  socket_connect($sock,"192.168.2.40", 84);
6  $x1=0;
7  $x2=0;
8
9      if(isset($_POST["valor"])){
10         socket_write($sock, $_POST["valor"]);
11         $x1=$_POST["valor"];
12     }
13
14 socket_close($sock);
15 ?>
16
17 <!DOCTYPE html>
18 <html>
19 <head>
20     <title> PROJ_03 </title>
21
22     <style>
23     .body
24     {
25         text-align: center;
26     }
27
28     .barra {
29         display: inline-block;
30         vertical-align: middle;
31         width: 40%;
32         height: 20;
33     }
34     </style>
35
36 </head>
```

Nesta primeira parte, temos o código PHP e as configurações iniciais da programação HTML.

Na linha 50 da Figura 22.38, o comando deve ser digitado na mesma linha.

235

FIGURA 22.38

Código PHP/ HTML — Projeto 03 — Parte 2/2.

Fonte: Acervo dos autores.

```php
37  <body>
38      <div class="body">
39          <h2>CONTROLE LUMINOSIDADE</h2>
40          <br />
41
42          0%  ~  100%
43          <br />
44
45          <div class="barra">
46          <form  method="POST">
47
48          <input type="range" min="0" max="100" step="1"
49          value="<?php echo $x2 ?>" id="foo" name="valor"
50          onchange='document.getElementById("bar").value =
                        document.getElementById("foo").value + "%";'/>

51          </div>
52
53          <br />
54          <br />
55
56          Valor atual
57          <input type="text"  name="bar0" id="bar"
58          style="text-align: center;" value="<?php echo $x2 ?>%" disabled />
59
60          <br />
61          <br />
62
63          Valor enviado
64          <input type="text" name="bar1" id="bar1"
65          style="text-align: center;" value="<?php echo $x1 ?>%" disabled />
66
67          <br />
68          <br />
69          <input type=submit value=ENVIAR />
70          </form>
71
72      </div>
73  </body>
74  </html>
```

Após digitar o código PHP/HTML, siga os passos abaixo:

1   Salve o arquivo com o nome: **Proj_03_v1** e extensão **.php**

2   Crie uma nova pasta com o nome: **proj_03**

3   Cole o arquivo Proj_03_v1.php dentro da nova pasta.

22.3.5 CONFIGURAÇÃO DO ROTEADOR

O roteador deve estar configurado conforme aprendemos no Capítulo 21, estando com acesso à internet e com a porta de acesso ao servidor aberta.

22.3.6 CONFIGURAÇÃO DO SERVIDOR

Agora precisamos direcionar a pasta **proj_03** para o diretório do XAMPP.

Para isso, garanta que o módulo apache no XAMPP esteja parado e, na sequência, clique no botão Explorer do XAMPP.

Procure e abra a pasta **htdocs** para colar a pasta que criamos **proj_03** (Figura 22.39) contendo o projeto PHP (Figura 22.40).

DESENVOLVIMENTO DOS PROJETOS IOT

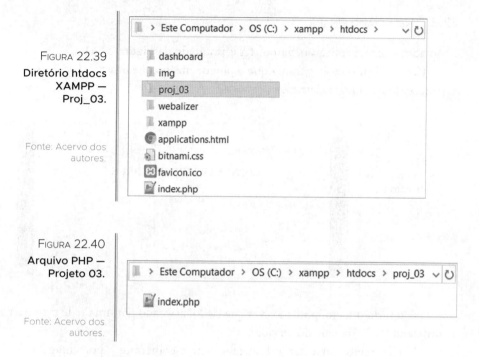

FIGURA 22.39
Diretório htdocs
XAMPP —
Proj_03.

Fonte: Acervo dos autores.

FIGURA 22.40
Arquivo PHP —
Projeto 03.

Fonte: Acervo dos autores.

No painel de controle do XAMPP, clique para iniciar o servidor Apache (Start). Assim que o servidor estiver rodando, abra um navegador no servidor e acesse com o link:

localhost/proj_03

Também podemos acessar de qualquer dispositivo conectado à rede local utilizando o IP do servidor:

192.168.2.100/proj_03

Iniciamos com o IP da máquina seguido do nome da pasta onde está nossa aplicação.

Outra forma de acesso é pela rede externa. Para isso, devemos utilizar o link:

177.180.107.132:8090/proj_03

Iniciamos com o IP externo da nossa rede, seguido da porta de acesso para o servidor e, por fim, o nome da pasta onde está nossa aplicação.

22.3.7 Resultado final

Ao acessar nossa aplicação, vamos ter o resultado da Figura 22.41.

Para realizar o teste, garanta que o plugue macho que liga a lâmpada esteja conectado na energia elétrica.

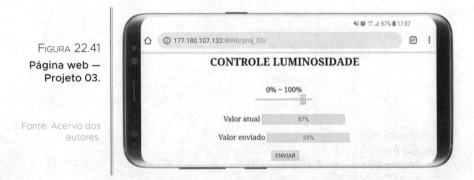

Figura 22.41
Página web —
Projeto 03.

Fonte: Acervo dos autores.

Na tela do projeto, podemos ver que ele foi acessado por uma rede externa, utilizando o IP da rede do servidor.

Na tela, temos uma barra deslizante para escolhermos a porcentagem de intensidade com a qual a lâmpada acenderá, podendo variar de 0 a 100%. Conforme arrastamos essa barra, o campo "Valor atual" é preenchido com o valor numérico da porcentagem que estamos escolhendo. Para enviar o valor para a plataforma Arduino e ver o resultado com a lâmpada, basta clicar em "Enviar". Nela, temos também outro campo chamado "Valor enviado", que armazena o último valor que enviamos para a lâmpada.

Com mais um projeto concluído, vamos adiante, pois ainda temos mais surpresas. Bons estudos!

22.4 PROJETO 04 — ACIONAMENTO DE EQUIPAMENTOS UTILIZANDO UM APLICATIVO ANDROID

Neste último projeto do livro, daremos um salto nas tecnologias. Além de realizar o acionamento pela internet, montaremos um pequeno aplicativo para celular Android.

Nosso objetivo é fazer uma aplicação que acione três cargas independentes. Para isso, utilizaremos um módulo relé de quatro canais, sendo que um canal ficará sobrando. O primeiro relé ligará/desligará uma lâmpada; o segundo ligará uma outra lâmpada com um determinado tempo programado; e o terceiro relé acionará um plugue fêmea para ligar um ventilador.

Neste projeto, a plataforma Arduino será utilizada como nosso servidor, sendo assim, não será necessário um computador, como nos projetos anteriores.

Agora é com você! Siga os passos para a montagem de seu projeto.

22.4.1 MATERIAL PARA O PROJETO

- 1 un. Arduino Uno;
- 1 un. cabo USB A/USB B;
- 1 un. ethernet shield (controlador W5500);
- 1 un. fonte chaveada 9Vcc 1A;
- 2 un. receptáculo E27;
- 3 un. lâmpada 127v 100w — e27 (LED/fluorescente compacta ou incandescente/halógena);
- 1 un. módulo relé de 4 canais;
- 1 un. plugue fêmea 10A 2P ou 2P+T;
- 1 un. ventilador de mesa 127V;
- 1 un. roteador;
- 1 un. modem com acesso à internet;
- 2 un. cabo de rede;
- 5 un. cabo jumper macho x fêmea;
- 4m cabo flexível 1,5mm².

22.4.2 Montagem do hardware

Para conhecer de uma forma geral a estrutura de nosso projeto analisando a Figura 22.42.

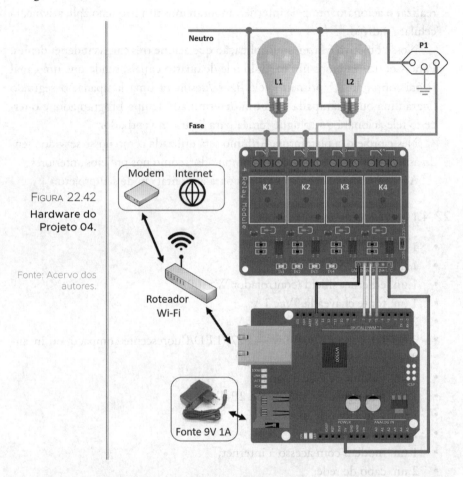

Figura 22.42
Hardware do Projeto 04.

Fonte: Acervo dos autores.

Realizaremos a montagem do projeto seguindo os passos a seguir. Primeiramente, conecte o ethernet shield ao Arduino Uno.

Agora vamos fazer as conexões dos cinco cabos jumper macho x fêmea. Para isso, vamos conhecer os pinos que o módulo relé de 4 canais tem (Figura 22.43):

- GND: polo negativo;
- IN1: entrada digital para acionamento do relé K1;
- IN2: entrada digital para acionamento do relé K2;
- IN3: entrada digital para acionamento do relé K3;
- IN4: entrada digital para acionamento do relé K4;

- VCC: polo positivo (+5Vcc);

FIGURA 22.43
Pinos do módulo relé de quatro canais.

Fonte: Acervo dos autores.

Esse módulo relé que estamos utilizando tem alimentação de 5Vcc. Os relés são ligados com nível lógico baixo (gnd) e desligados com nível lógico alto (+5Vcc). Podemos notar que sua lógica de acionamento é inversa ao módulo relé de um canal que utilizamos nos projetos anteriores. Dessa forma, verifique a lógica de acionamento do seu módulo, pois, se for diferente, será necessário alterar um parâmetro na programação do Arduino.

Faça a conexão dos jumpers conforme a Figura 22.44.

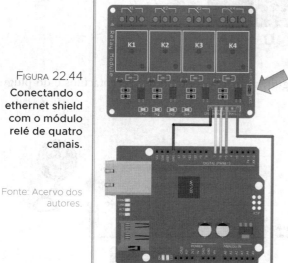

FIGURA 22.44
Conectando o ethernet shield com o módulo relé de quatro canais.

Fonte: Acervo dos autores.

A seta na figura 22.44 identifica um jumper de seleção que se encontra no módulo. Nesse jumper, podemos escolher por separar a alimentação do circuito elétrico com a alimentação das bobinas dos relés. Quando trabalhamos vários relés ligados ao mesmo tempo, o regulador de tensão da placa Arduino não suporta a corrente elétrica, mesmo com a placa conectada com um fonte pelo pino P4. Sendo assim, podemos tirar o jumper e separar as alimentações. No nosso projeto, utilizamos somente três relés; dessa forma, podemos utilizar a própria energia da placa Arduino para alimentar as bobinas dos relés mantendo o jumper conectado. Lembre-se de que estamos utilizando uma fonte externa conectada ao pino P4. Se for energizar a placa Arduino somente pela porta USB, não é recomendado utilizar mais que dois relés simultaneamente.

Agora vamos conectar os cabos de 1,5mm² para ligar os dois receptáculos e o plugue fêmea. A nossa aplicação acionará cargas com tensão elétrica de 127V, mas também é possível trocar a tensão de entrada para 220V. Para isso, fique atento à tensão dos equipamentos que serão energizados. O shield relé contém quatro canais, porém somente três serão utilizados. Cada relé contém três contatos, mas vamos utilizar somente os contatos Comum (C) e Normal Aberto (NA) — veja a simbologia utilizada pelo módulo na Figura 22.45.

Figura 22.45
Simbologia dos contatos do módulo relé.

Fonte: Acervo dos autores.

A Figura 22.46, a seguir, mostra a conexão dos receptáculos e do plugue fêmea com os relés.

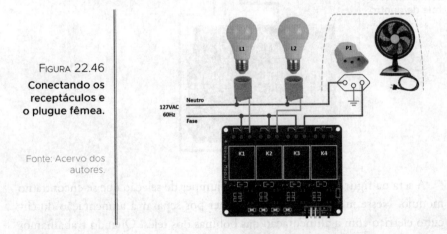

Figura 22.46
Conectando os receptáculos e o plugue fêmea.

Fonte: Acervo dos autores.

Conecte o plugue de energia do ventilador ao plugue fêmea P1 da Figura 22.46.

DESENVOLVIMENTO DOS PROJETOS IOT

Agora vamos conectar o ethernet shield na rede ao roteador e ao modem (Figura 22.47).

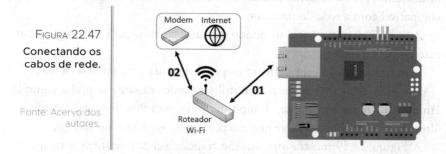

FIGURA 22.47
Conectando os cabos de rede.

Fonte: Acervo dos autores.

O cabo de rede 01 conecta o ethernet shield ao roteador. O cabo de rede 02 conecta o roteador ao modem com acesso à internet.

Por fim, conecte o roteador, o modem e a fonte do Arduino na energia elétrica.

22.4.3 CÓDIGO NA IDE ARDUINO

Com tudo montado, chegou o momento de realizar a programação na IDE Arduino. Dessa forma, digite o código das Figuras 22.48, 22.49, 22.50 e 22.51.

Neste código, utilizaremos duas bibliotecas:

- Biblioteca SPI.h
- Biblioteca Ethernet_W5500.h

Garanta que as bibliotecas acima estejam adicionadas na IDE. Para mais informações, veja o Capítulo 22.1.

FIGURA 22.48
Código Arduino
— Projeto 04 —
Parte 1/4.

Fonte: Acervo dos autores.

```
1 #include <SPI.h>
2 #include <Ethernet_W5500.h>
3
4 byte mac[] = { 0x70, 0xB3, 0xD5, 0x0A, 0xC0, 0x0D };
5 byte ip[] = { 192, 168, 2, 50 };
6
7 EthernetServer server(87);
8 EthernetClient client;
9
10 String leString;
11
12 #define lamp_1 7
13 #define lamp_2 6
14 #define tomada 5
15
16 const int desliga = HIGH;
17 const int liga = LOW;
18
19 int start = 0;
20 unsigned long tempo_minuteria = 90000;
21 int liberado = 0;
22 unsigned long tempo_atual;
```

243

As linhas 1 e 2 são responsáveis por incluir as bibliotecas.

Nas linhas 4 e 5, temos as configurações da rede, com o MAC e o IP que utilizaremos para o ethernet shield. O endereço IP da nossa aplicação deve ser compatível com a rede do roteador.

A linha 7 define a porta de acesso que utilizaremos para realizar o acesso externo pela internet.

Já as linhas 12, 13 e 14 definem os pinos de saída para acionar os relés.

Na linha 20, temos o tempo em milissegundos durante o qual a segunda lâmpada permanecerá acessa. Tempo definido para 90s. Esse valor pode ser alterado, porém, é importante que esteja em milissegundos no código.

A Figura 22.49 mostra uma função responsável por verificar o tempo de acionamento da lâmpada 2, que foi definido para 90s.

Figura 22.49

Código Arduino — Projeto 04 — Parte 2/4.

Fonte: Acervo dos autores.

```
23
24 void minuteria() {
25   if (start == 1) {
26     start = 0;
27     liberado = 1;
28     digitalWrite(lamp_2, liga);
29     tempo_atual = millis();
30   }
31
32   if (liberado == 1) {
33     if (millis() >= tempo_atual + tempo_minuteria) {
34       digitalWrite(lamp_2, desliga);
35       liberado = 0;
36     }
37   }
38 }
```

As Figuras 22.50 e 22.51 mostram a lógica da programação.

Figura 22.50

Código Arduino — Projeto 04 — Parte 3/4.

Fonte: Acervo dos autores.

```
39
40 void setup() {
41   pinMode(lamp_1, OUTPUT);
42   pinMode(lamp_2, OUTPUT);
43   pinMode(tomada, OUTPUT);
44   Ethernet.begin(mac, ip);
45   server.begin();
46   digitalWrite(lamp_1, desliga);
47   digitalWrite(lamp_2, desliga);
48   digitalWrite(tomada, desliga);
49 }
50
51 void loop() {
52   minuteria();
53   client = server.available();
54   if (client) {
55     while (client.connected()) {
56       if (client.available()) {
57         char c = client.read();
58
59         if (leString.length() < 100) {
60           leString += c;
61         }
```

DESENVOLVIMENTO DOS PROJETOS IOT

FIGURA 22.51
Código Arduino
— Projeto 04 —
Parte 4/4.

Fonte: Acervo dos autores.

```
62
63      if (leString.endsWith("0001")) {
64         digitalWrite(lamp_1, !digitalRead(lamp_1) );
65      }
66
67      if (leString.endsWith("0002")) {
68         start = 1;
69      }
70
71      if (leString.endsWith("0003")) {
72         digitalWrite(tomada, !digitalRead(tomada) );
73      }
74
75      if (c == '\n') {
76         client.println("HTTP/1.1 200 OK");
77         client.println("Content-Type: text/html");
78         client.println();
79         client.println("<HTML>");
80         client.println("<HEAD>");
81         client.println("<TITLE>PROJETO 04</TITLE>");
```

Com o código digitado, podemos realizar a gravação na placa Arduino. Para isso, conecte o cabo USB na placa Arduino a uma porta USB do seu computador e clique no botão para realizar a gravação.

22.4.4 Configuração do roteador

Acesse as configurações do roteador utilizando um computador conectado por cabo ou wireless à rede do roteador e abra a porta 87 para o IP 192.168.2.50, que foi definido na programação do Arduino.

No roteador, acesse o menu: Redirecionamento de Portas → Servidores Virtuais (Figura 22.52). Clique em "Adicionar". Na janela que será aberta, insira os valores conforme a Figura 22.52.

FIGURA 22.52
Configurando a porta 87.

Fonte: Acervo dos autores.

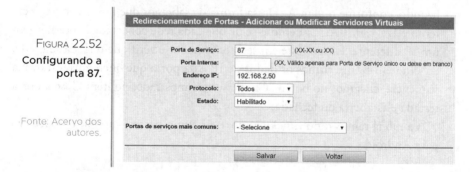

Na Figura 22.53, podemos observar a porta 87 adicionada. Também temos a porta 8090, que já havia sido adicionada anteriormente, pois foi utilizada nos projetos anteriores. Neste projeto 04 só utilizaremos a porta 87.

FIGURA 22.53
Porta 87 adicionada.

Fonte: Acervo dos autores.

Nosso próximo passo é verificar se a porta 87 está sendo acessada externamente. Para isso, podemos realizar um teste acessando o site:

https://www.yougetsignal.com/tools/open-ports/

Obs: é importante garantir que nosso computador esteja com acesso à internet. A Figura 22.54 mostra o teste realizado.

FIGURA 22.54
IP externo e teste de porta. Acesso em 10/03/2019.

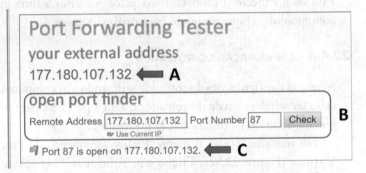

Fonte: Acervo dos autores.

Ao acessar o site, ele mostra o endereço IP externo da rede que estamos utilizando, conforme o item A. Dessa forma, já sabemos que nosso endereço externo é 177.180.107.132. Lembre-se de que cada rede conectada à internet tem um IP diferente. Faça o teste em seu computador e verifique o IP da sua rede.

No item B, inserirmos os dados de IP e da porta que queremos testar. Na sequência, clicamos no botão "Check" e será mostrado, no item C, se a porta testada está aberta ou fechada.

Como já temos tudo funcionando, o próximo passo é montar o aplicativo para Android.

22.4.5 Aplicativo Android

Agora chegou o momento de criarmos nossa aplicação Android. Para isso, utilizaremos o App Inventor.

Será necessário utilizar um computador que esteja conectado a qualquer rede que tenha acesso à internet. Não é necessário realizar a instalação.

Acesse o site: **http://appinventor.mit.edu/**

Ao acessar o site, clique em "Create apps!"no canto superior direito da página, conforme mostra a Figura 22.55.

Figura 22.55
IP externo e teste de porta.
Acesso em 10/03/2019.

Fonte: Acervo dos autores.

Na sequência, será aberta uma página para realizar login com uma conta Google (Figura 22.56).

Figura 22.56
Login com conta Google.
Acesso em 10/03/2019.

Fonte: Acervo dos autores.

Caso já tenha uma conta Google, insira suas credenciais para logar. Caso contrário, clique em "Create account". Crie uma nova conta e faça o login.

Ao entrar pela primeira vez no App Inventor, você será direcionado para uma página de termos de serviço. Leia-os e clique em "I accept the terms of service!" ("Eu aceito os termos do serviço", em tradução livre), conforme a Figura 22.57.

FIGURA 22.57
Termos de serviço do App Inventor. Acesso em 10/03/2019.

Fonte: Acervo dos autores.

Após aceitar os termos de serviço, você será direcionado para uma nova página. A Figura 22.58 mostra a página inicial do App Inventor.

FIGURA 22.58
Página inicial App Inventor. Acesso em 10/03/2019.

Fonte: Acervo dos autores.

Pode aparecer uma mensagem dizendo que você ainda não tem nenhum projeto no App Inventor.

Antes de iniciar, vamos alterar o idioma de inglês (padrão) para português do Brasil, conforme a figura a seguir.

DESENVOLVIMENTO DOS PROJETOS IOT

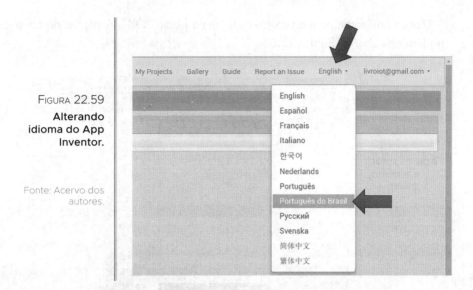

Figura 22.59
Alterando idioma do App Inventor.

Fonte: Acervo dos autores.

Caso queira aprofundar seus estudos no App Inventor, clique no link "Guia" na parte superior da página.

Vamos iniciar nosso projeto. Para isso, clique no botão "Iniciar novo projeto..." no canto superior esquerdo da página (Figura 22.60).

Figura 22.60
Iniciando um novo projeto.

Fonte: Acervo dos autores.

Uma janela será aberta para inserir o nome do projeto (Figura 22.61).

Figura 22.61
Nome do projeto.

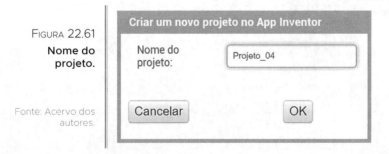

Fonte: Acervo dos autores.

249

Insira um nome para o projeto e clique no botão "OK". A página do novo projeto será aberta (Figura 22.62).

Figura 22.62
App Inventor em modo Designer.

Fonte: Acervo dos autores.

Veja que temos cinco janelas principais:

- Paleta: local com os componentes para inserir na tela do aplicativo. Para inserir, basta clicar no componente e arrastá-lo até a posição desejada na janela do Visualizador. A Figura 22.63 mostra que os componentes estão divididos em grupos de acordo com sua aplicação.

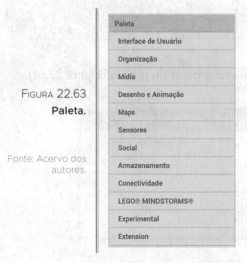

Figura 22.63
Paleta.

Fonte: Acervo dos autores.

250

DESENVOLVIMENTO DOS PROJETOS IOT

- Visualizador: local para inserir os componentes na posição em que serão visualizados no aplicativo;
- Componentes: todos os componentes inseridos na janela do Visualizador serão listados na janela Componentes. Assim, ficará fácil para selecionar os componentes visíveis e não visíveis. Também temos nessa janela os botões para Renomear e Apagar os componentes.
- Propriedades: nessa janela, podemos ver as propriedades de configuração do componente que foi selecionado. O mesmo pode ser selecionado pela janela do Visualizador ou pela janela Componentes.
- Mídia: sua função é inserir arquivos do computador para serem utilizados no aplicativo, como imagens ou áudio.

O App Inventor é dividido em duas telas:

- Designer: é a tela que acabamos de abrir. Nela incluímos os componentes visíveis, como botões e figuras. Também podemos incluir os componentes não visíveis, como, por exemplo, os sensores (GPS/acelerômetro) e os tipos de comunicação (WiFi/Bluetooth).
- Blocos: nessa parte, desenvolvemos a lógica de funcionamento do aplicativo, utilizando os componentes que foram inseridos na parte de Designer.

Os botões para alterar as telas entre Designer e Blocos ficam no canto superior direito da página (Figura 22.64).

Figura 22.64
Designer / Blocos.

Fonte: Acervo dos autores.

Os componentes que utilizaremos nesse projeto serão encontrados nas guias:

- Interface do Usuário;
- Organização;
- Conectividade.

A Figura 22.65 mostra três guias da janela Paleta que utilizaremos no projeto.

FIGURA 22.65
Interface
de Usuário/
Organização/
Conectividade.

Fonte: Acervo dos autores.

Agora que temos uma base da página Designer do App Inventor, podemos começar a montar a tela do aplicativo do nosso projeto.

Passo 01: iniciamos incluindo o componente Web (Conectividade). Para isso, basta clicar no componente e arrastá-lo até a janela do Visualizador. Veja na Figura 22.66 o resultado.

FIGURA 22.66
Incluindo o componente Web.

Fonte: Acervo dos autores.

252

DESENVOLVIMENTO DOS PROJETOS IOT

Nesse momento, podemos observar que o componente Web foi inserido no Visualizador na parte inferior como não visível e também foi inserido na janela Componentes. Como esse componente está selecionado, suas configurações foram abertas na janela Propriedades.

Passo 02: clicar no componente Screen1, que é nossa tela principal, e realizar algumas configurações na janela propriedades:

- Alinhamento Horizontal: Centro: 3
- Nome do App: Proj_04
- Título: V1.0
- Selecione a opção: Rolável

Passo 03: o próximo passo é inserir o componente Legenda (Interface de Usuário) para a tela da nossa aplicação.

Propriedades que devem ser alteradas:

- Selecione a opção: Fonte negrito
- Tamanho da Fonte: 20
- Texto: CONTROLE IoT

Veja a Figura 22.67, que mostra como está ficando nossa projeto pela janela Visualizador.

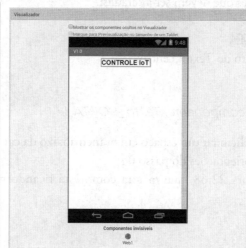

FIGURA 22.67
Visualizador —
Etapa 01.

Fonte: Acervo dos autores.

253

INSTALAÇÃO RESIDENCIAL APLICADA À IoT

Passo 04: em seguida, adicionaremos um espaço em branco na tela. Para isso, utilizaremos o componente OrganizaçãoHorizontal (Organização). Insira abaixo da legenda que acabamos de incluir.

Propriedades que devem ser alteradas:

- Altura: 5%.

Passo 05: Insira o componente CaixaDeTexto (Interface de Usuário) abaixo do espaço em branco.

Propriedades que devem ser alteradas:

- Dica: IP
- Alinhamento do Texto: centro: 1

O nome desse componente deve ser alterado. Para isso, ele deve estar selecionado e devemos clicar no botão Renomear (janela Componentes).

Novo nome: Texto_IP

Passo 06: adicionar um espaço em branco abaixo da caixa de texto, seguindo a mesmas orientações do passo 04.

Passo 07: insira outro componente CaixaDeTexto (Interface de Usuário) abaixo do último espaço em branco.

Propriedades que devem ser alteradas:

- Dica: PORTA
- Alinhamento do Texto: centro: 1

Novo nome do componente: Texto_PORTA

Passo 08: adicionar um espaço em branco abaixo da caixa de texto, seguindo a mesmas orientações do passo 04.

Veja a Figura 22.68, que mostra como está ficando nosso projeto até o momento.

DESENVOLVIMENTO DOS PROJETOS IOT

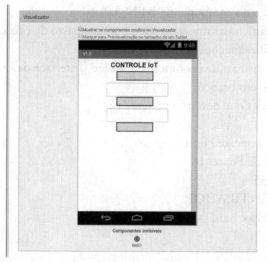

FIGURA 22.68
Visualizador —
Etapa 02.

Fonte: Acervo dos autores.

Passo 09: insira o componente Botão (Interface de Usuário) abaixo do último espaço em branco.

Propriedades que devem ser alteradas:

- Selecione a opção: Fonte negrito
- Tamanho da Fonte: 16
- Largura: 35%.
- Texto: L1
- Cor de Texto: Azul

Novo nome do componente: BTN_L1

Passo 10: adicionar um espaço em branco abaixo da caixa de texto, seguindo a mesmas orientações do passo 04.

Passo 11: insira outro componente Botão (Interface de Usuário) abaixo do último espaço em branco.

Propriedades que devem ser alteradas:

- Selecione a opção: Fonte negrito
- Tamanho da Fonte: 16
- Largura: 35%.
- Texto: L2
- Cor de Texto: Azul

255

INSTALAÇÃO RESIDENCIAL APLICADA À IoT

Novo nome do componente: BTN_L2

Passo 12: adicionar um espaço em branco abaixo da caixa de texto, seguindo a mesmas orientações do passo 04.

Passo 13: insira outro componente Botão (Interface de Usuário) abaixo do último espaço em branco.

Propriedades que devem ser alteradas:

- Selecione a opção: Fonte negrito
- Tamanho da Fonte: 16
- Largura: 35%.
- Texto: VENTILADOR
- Cor de Texto: Azul

Novo nome do componente: BTN_V

Passo 14: adicionar um espaço em branco abaixo da caixa de texto, seguindo a mesmas orientações do passo 04.

Passo 15: insira o componente Botão (Interface de Usuário) abaixo do último espaço em branco.

Propriedades que devem ser alteradas:

- Selecione a opção: Fonte negrito
- Tamanho da Fonte: 18
- Forma: arredondado
- Texto: SAIR
- Cor de Texto: Vermelho

Novo nome do componente: BTN_SAIR

A Figura 22.69 mostra como ficou nosso projeto no Visualizador.

DESENVOLVIMENTO DOS PROJETOS IOT

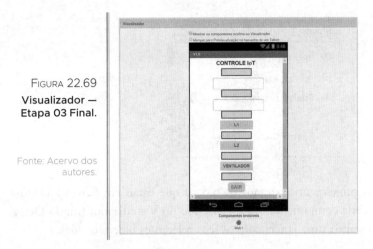

Figura 22.69
Visualizador —
Etapa 03 Final.

Fonte: Acervo dos autores.

Com a parte do design concluída, vamos clicar em Blocos para realizar a programação. A Figura 22.70 mostra o App Inventor no modo Blocos.

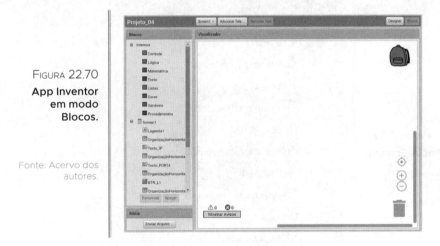

Figura 22.70
App Inventor em modo Blocos.

Fonte: Acervo dos autores.

Nessa página, podemos observar que temos três janelas:

- Blocos: está dividido em três grupos (Figura 22.71):
  - Internos;
  - Screen1;
  - Qualquer componente.
- Visualizador: onde serão montados os blocos de lógica.
- Mídia: sua função é inserir arquivos do computador para serem utilizados no aplicativo, como imagens ou áudio.

257

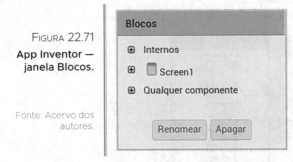

Figura 22.71
App Inventor — janela Blocos.

Fonte: Acervo dos autores.

Em nosso projeto, utilizaremos os blocos que estão em Screen1 (Figura 22.72). Para cada componente que foi inserido no Visualizador (modo Designer), podemos abrir uma janela com os seus referentes blocos de lógica.

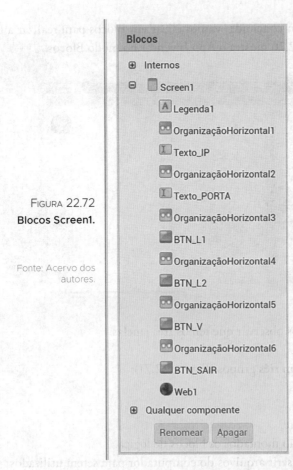

Figura 22.72
Blocos Screen1.

Fonte: Acervo dos autores.

Veja, por exemplo, na Figura 22.73, quando clicamos no componente BTN_L1.

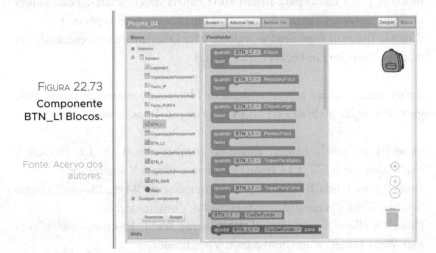

Figura 22.73
Componente BTN_L1 Blocos.

Fonte: Acervo dos autores.

Podemos observar que uma lista com vários blocos foi aberta, e todos são referentes ao botão BTN_L1. Se clicar em outro componente, uma nova lista será aberta com seus blocos correspondentes.

Também usaremos algumas funções dos blocos Internos que estão dentro do item Texto (Figura 22.74):

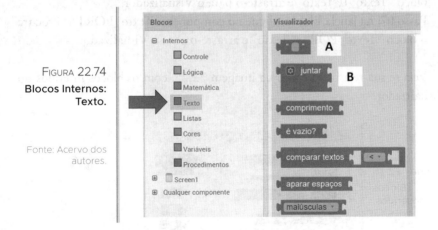

Figura 22.74
Blocos Internos: Texto.

Fonte: Acervo dos autores.

Na Figura 22.74, dois blocos serão utilizados em nosso projeto:

- Bloco A (" "): bloco para inserir uma cadeia de caracteres. Pode conter qualquer caractere (letras, números ou outros caracteres especiais).
- Bloco B (juntar): concatena os valores para criar uma única cadeia de caracteres (também conhecida como string).

Agora vamos iniciar a programação dos blocos do nosso aplicativo. Para programar a lógica do botão BTN_L1, siga os próximos passos.

- Passo 01: na janela Blocos, clique no componente BTN_L1. Procure o bloco "quando BTN_L1.Clique" e arraste-o para o Visualizador.
- Passo 02: na janela Blocos, clique no componente Web1. Procure o bloco "ajustar Web1.Url para" e arraste-o para o Visualizador.
- Passo 03: clique novamente no componente Web1. Procure o bloco "chamar Web1.Obter" e arraste-o para o Visualizador.
- Passo 04: na janela Blocos, clique em Texto e insira três vezes o bloco responsável por inserir uma cadeia de caracteres (" ") , conforme vimos na Figura 22.74 (A).
- Passo 05: novamente, clique em Texto e insira o bloco "juntar", conforme vimos na Figura 22.74 (B).
- Passo 06: na janela Blocos, clique no componente Texto_IP. Procure o bloco "Texto_IP.Texto" e arraste-o para o Visualizador.
- Passo 07: na janela Blocos, clique no componente Texto_PORTA. Procure o bloco "Texto_PORTA.Texto" e arraste-o para o Visualizador.

Veja se sua tela ficou como na imagem 22.75, com os blocos inseridos no Visualizador.

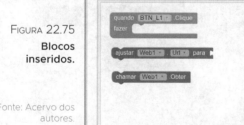

Figura 22.75
Blocos inseridos.

Fonte: Acervo dos autores.

DESENVOLVIMENTO DOS PROJETOS IOT

- Passo 08: agora chegou o momento de juntarmos os blocos. Para isso, basta arrastar cada bloco para sua posição. Veja na Figura 22.76 alguns blocos unidos.

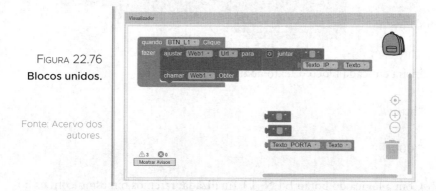

FIGURA 22.76
Blocos unidos.

Fonte: Acervo dos autores.

Na sequência, teremos que inserir mais posições no bloco "juntar". Para isso, basta clicar em seu ícone de configuração (desenho de engrenagem) e adicionar mais três posições (Figura 22.77).

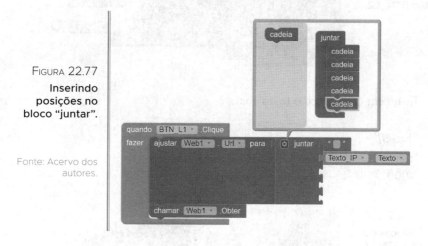

FIGURA 22.77
Inserindo posições no bloco "juntar".

Fonte: Acervo dos autores.

Finalize os blocos do botão BTN_L1, conforme a Figura 22.78.

261

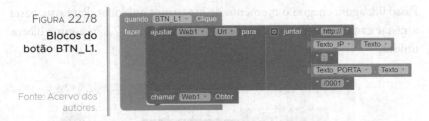

Figura 22.78
Blocos do botão BTN_L1.

Fonte: Acervo dos autores.

Insira em cada bloco o texto abaixo:

- "http://"
- ":"
- "/0001"

Com a lógica do botão BTN_L1 finalizada, faremos o mesmo com os botões BTN_L2 e BTN_V, conforme as Figuras 22.79 e 22.80.

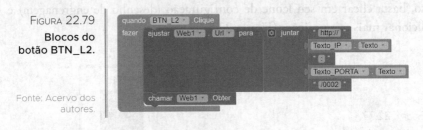

Figura 22.79
Blocos do botão BTN_L2.

Fonte: Acervo dos autores.

Insira em cada bloco o texto abaixo:

- "http://"
- ":"
- "/0002"

Figura 22.80
Blocos do botão BTN_V.

Fonte: Acervo dos autores.

DESENVOLVIMENTO DOS PROJETOS IOT

Insira em cada bloco o texto abaixo:

- "http://"
- ":"
- "/0003"

Com a lógica dos três botões concluída, vamos adicionar a lógica do botão Sair.

Na janela Blocos, clique no componente BTN_SAIR. Procure o bloco "quando BTN_SAIR.Clique" e arraste-o para o Visualizador.

Na janela Blocos, clique em Controle e insira o bloco "fechar aplicação".

A Figura 22.81 mostra o bloco de lógica do botão Sair.

FIGURA 22.81
Blocos do botão BTN_SAIR.

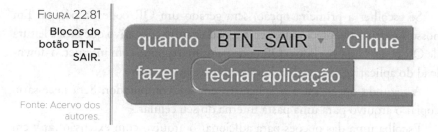

Fonte: Acervo dos autores.

Veja, na Figura 22.82, a lógica do nosso aplicativo finalizada.

FIGURA 22.82
Lógica com blocos.

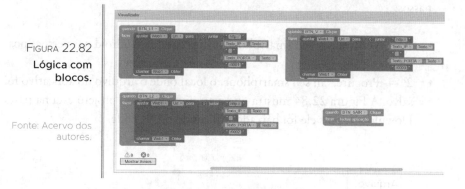

Fonte: Acervo dos autores.

No canto esquerdo inferior da acima, podemos observar que não temos avisos de erros na montagem dos nossos blocos.

Com o projeto no App Inventor concluído, clique em "Projetos", no canto superior da página, e clique novamente em "Salvar projeto".

Agora vamos clicar em "Compilar" para gerar o arquivo do aplicativo. A Figura 22.83 mostra duas opções:

- fornecer o QR code para o .apk
- salvar .apk em meu computador

Figura 22.83
Compilar.

Fonte: Acervo dos autores.

Se escolher a primeira opção, será gerado um QR code na página. Em nosso smartphone, precisamos ter instalado algum aplicativo que faça a leitura de QR code. Uma vez lido o QR code pelo smartphone com internet, o download do aplicativo será realizado diretamente no aparelho.

A segunda opção salva o aplicativo em seu computador. Será necessário copiar o arquivo para uma pasta interna do seu celular.

Escolha uma das opções para adicionar o arquivo com extensão **.apk** em seu smartphone.

Agora realizaremos a instalação do aplicativo. Para isso, siga os próximos passos:

- 1º — Verifique se seu smartphone utiliza sistema Android nas versões posteriores à 5.0.
- 2º — Procure, em seu smartphone, o local onde o arquivo do aplicativo foi salvo. A Figura 22.84 mostra que o arquivo do nosso projeto está na pasta Downloads, pois ele foi baixado utilizando o QR code.

Figura 22.84
Arquivo Projeto_04.apk.

Fonte: Acervo dos autores.

Para o teste do projeto, estamos utilizando um smartphone da marca Samsung, com a versão do Android 8.0.0.

DESENVOLVIMENTO DOS PROJETOS IOT

- 3º — Clique no arquivo e selecione a opção "Instalar" (Figura 22.85).

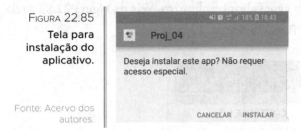

FIGURA 22.85
Tela para instalação do aplicativo.

Fonte: Acervo dos autores.

Caso seja mostrada alguma mensagem de que não é possível instalar o aplicativo, será necessário habilitar em seu smartphone a opção "Fontes desconhecidas", que, na maioria dos modelos, fica nas configurações de segurança do sistema Android. Essa opção pode estar em locais diferentes de acordo com o modelo do dispositivo.

- 4º — Após finalizar a instalação, clique no botão "CONCLUÍDO" (Figura 22.86).

FIGURA 22.86
App instalado.

Fonte: Acervo dos autores.

Nesse momento, um ícone do aplicativo foi gerado e inserido junto aos demais aplicativos do seu smartphone.

CURIOSIDADES

Na guia Projetos do App Inventor, temos opções para exportar ou importar um projeto com extensão ".**aia**".

265

22.4.6 Resultado final

Com tudo pronto, vamos agora abrir o aplicativo. Veja na Figura 22.87 a tela que programamos no App Inventor.

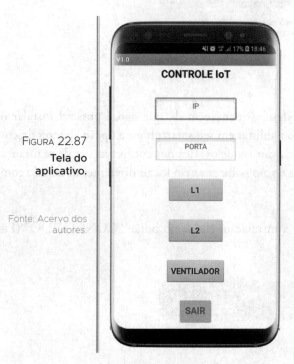

Figura 22.87
Tela do aplicativo.

Fonte: Acervo dos autores.

Para utilizar o aplicativo, digite o IP (externo) e a porta da rede a que está conectado o ethernet shield, conforme a Figura 22.88. Caso não lembre seu IP externo, entre em um dos sites abaixo através da rede a que está conectado o ethernet shield:

http://www.meuip.com.br/

https://www.yougetsignal.com/tools/open-ports/

Neste projeto, estamos utilizando a porta 87 que foi configurada na programação Arduino e aberta no roteador. Lembre-se de que nosso objetivo é controlar os dispositivos através de qualquer rede externa, sendo assim, nosso smartphone está conectado a uma rede diferente da que está o ethernet shield (4.5G).

DESENVOLVIMENTO DOS PROJETOS IOT

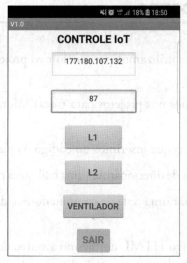

Figura 22.88
App configurado com os dados da rede.

Fonte: Acervo dos autores.

Chegou o momento de testar nosso projeto. Para isso, vamos conhecer as funções dos botões.

O botão "L1" liga/desliga a lâmpada que está conectada no relé 1.

Já o botão "L2" aciona a segunda lâmpada por 90s. Caso o botão seja pressionado novamente durante o ciclo de acionamento, o tempo de 90s será reiniciado.

O botão "VENTILADOR" liga/desliga a energia elétrica do ventilador. Para isso, deixe o botão do ventilador ligado a fim de que ele possa ser controlado pelo aplicativo.

O botão "SAIR" fecha o aplicativo.

Agora que você concluiu o último projeto do livro, não pare por aqui! Continue estudando e aprofunde seus conhecimentos para poder realizar novos aplicativos e alterar os projetos que foram montados.

EXERCÍCIOS PROPOSTOS:

1 Qual é o diretório que utilizamos para incluir os projetos em HTML ou PHP no XAMPP?

2 Qual método utilizamos nos projetos para trocar informações entre o código HTML e o PHP?

3 O que são as bibliotecas que inserimos no código da plataforma Arduino?

4 Explique duas maneiras de direcionarmos uma biblioteca para a IDE Arduino.

5 Como podemos chamar uma rede de computadores e dispositivos que não tem acesso à internet?

6 É possível ter um código HTML no mesmo arquivo de um projeto PHP? Se sim, dê um exemplo de projeto que realizamos dessa forma.

7 Quais são a tensão elétrica e a corrente elétrica da fonte indicada para energizar a placa Arduino com o ethernet shield?

8 Por que no projeto 03 não podemos utilizar a lâmpada convencional de LED?

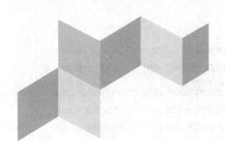

CONCLUSÃO

Chegamos ao final dos estudos deste livro, mas não pare por aqui! Estamos apenas embarcando em um novo mercado que exige cada vez mais experiência profissional e conhecimento tecnológico. O eletricista de hoje precisa ficar atualizado com as novidades que estão surgindo no mercado para que possa estar preparado para atender as solicitações dos clientes — e, muitas vezes, até mesmo sugerir novas ideias, garantindo que o serviço seja realizado com qualidade.

Durante os estudos, foi possível aprender sobre a base de uma instalação elétrica, as ferramentas adequadas para realizar o serviço e os cálculos básicos para dimensionar o material elétrico adequado.

Atualmente, com o advento das inovações tecnológicas, muitas empresas estão desenvolvendo produtos para conectar os objetos das residências à internet, o que é conhecido como IoT, facilitando cada vez mais o acesso e controle desses objetos pelo cliente.

Mas não se engane, pois, mesmo com esse grande avanço, a mão de obra do eletricista é essencial na instalação e configuração desses equipamentos, seguindo sempre os princípios básicos da elétrica. O dever do eletricista é realizar sempre um serviço com segurança, garantindo o seu bem-estar e o do cliente.

Controlar uma lâmpada pela internet parecia, alguns anos atrás, coisa de filme se pensarmos na complexidade e custo do projeto. Porém, atualmente, temos diversas tecnologias disponíveis com custo acessível e de fácil utilização. Dessa forma, neste livro foram abordados os conteúdos iniciais para um eletricista poder montar algumas aplicações elétricas acionadas pela internet.

A plataforma Arduino, com seus módulos e *shields*, estão presentes mundialmente em diversos projetos, sendo assim, não poderia ficar fora do nosso livro, visto que possibilita um rápido aprendizado com um baixo custo. O livro abordou projetos que integram a área elétrica com a IoT. Pudemos ver que a programação está cada vez mais presente em nossas vidas.

Muitos países já incluem no ensino básico das crianças e adolescentes matérias que ensinam lógica de programação. Lembre-se de que nunca é tarde para iniciar ou aprofundar seus conhecimentos. Para dar sequência aos seus estudos, sugerimos a leitura do livro *Eletrônica Analógica e Digital Aplicada à IoT*.

Você acaba de dar o primeiro passo em direção ao mundo da elétrica. Esperamos que o livro tenha gerado uma aprendizagem significativa, desenvolvendo e ampliando suas habilidades técnicas.

Os autores.

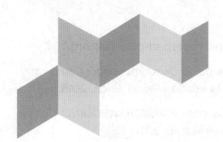

REFERÊNCIAS

App Inventor. Disponível em: <http://appinventor.mit.edu/>

ARDUINO Products. Disponível em: <https://store.arduino.cc/usa/arduino-uno-rev3>

ARDUINO. Disponível em: < https://www.arduino.cc/>

BELVEDERE, P. Arduino *UNO: Fundamentos e Aplicações.* São Paulo: SENAI-SP Editora, 2017.

Biblioteca Dimmer.h. Disponível em: <https://github.com/circuitar/Dimmer>

Biblioteca Ethernet_W5500.h. Disponível em: <https://github.com/RoboCore/Ethernet_W5500>

CAVALIN, G.;CERVELIN, S. *Instalações Elétricas Prediais.* São Paulo: Érika, 2010.

CREDER, H. *Manual do Instalador Eletricista.* 2a ed. São Paulo: LTC, 2004.

DOWNLOAD the Arduino Software. Disponível em: https://www.arduino.cc/en/Main/Software

EletroShields. Disponível em: https://www.eletroshields.com.br>

FILHO, D. *Projetos de Instalações Elétricas Prediais.* 11a ed. São Paulo: Érica, 2006.

HTML5 Tutorial. Disponível em: <https://www.w3schools.com/html/default.asp>

JAVED, A. *Criando Projetos com Arduino para a Internet das Coisas.* 1a ed. São Paulo: Novatec, 2017.

LANGUAGE Reference. Disponível em: <https://www.arduino.cc/reference/en/>

Meu-IP. Disponível em: < http://www.meuip.com.br/>

NO-IP login. Disponível em: <https://www.noip.com/login>

NO-IP. Disponível em: < http://www.noip.com/>

Notepad++. Disponível em: < https://notepad-plus-plus.org/>

OLIVEIRA, C. L.; ZANETTI, H. A. *Arduino Descomplicado: Como Elaborar Projetos de Eletrônica*. 1a ed. São Paulo: Érica, 2015.

OLIVEIRA, S. *Internet das Coisas com ESP8266, ARDUINO e RASPBERRY PI*. 1a ed. São Paulo: Novatec, 2017.

OPEN-PORTS. Disponível em: <https://www.yougetsignal.com/tools/open-ports/>

PHP Tutorial. Disponível em: <https://www.w3schools.com/php/default.asp>

SHIELD Ethernet. Disponível em: <https://www.robocore.net/loja/produtos/arduino-shield-ethernet-w5500.html#descricao>

STEVAN JUNIOR, S. L.; SILVA, R. *Automação e Instrumentação Industrial com Arduino: Teoria e Projetos*. 1a ed. São Paulo: Érica, 2015.

XAMPP. Disponível em: <https://www.apachefriends.org/pt_br/index.html>